你這坐在黑暗中的
在盼望中喜樂吧
晨星已經升起
太陽也不會延宕

TU QUI SEDES IN TNEBRIS
SPE TUA GAUDE:
ORTA STELLA MATUTINA
SOL NON TARDABIT

靈修著作精選

默觀的新苗

梅頓 著作

羅燕明 譯

▼

靈修著作精選

默觀的新苗

New Seeds of Contemplation

作者
梅頓 Thomas Merton

譯者
羅燕明

審閱
陳永財

執行編輯
李慧儀

裝幀設計
胡立強

■

出版／發行
基道出版社
香港沙田火炭坳背灣街 26 號富騰工業中心 10 樓 1011 室
LOGOS PUBLISHERS
Unit 1011, 10/F, Fo Tan Ind. Centre, 26 Au Pui Wan St., Shatin, Hong Kong
電話：(852) 2687-0331　傳真：(852) 2687-0281
網址：https://www.logos.com.hk

承印
陽光（彩美）印刷有限公司

●

12/2002 初版
Cat. No. LP607B
ISBN-10: 962-457-225-9
ISBN-13: 978-962-457-225-4

Originally published in English under
the title *New Seeds of Contemplation* by New Directions Publishing Corporation.
80 Eighth Avenue New York 10011
First published clothbound in 1962.
First published as New Diections Paperbook 337 in 1972.
中文版承蒙 The Merton Legacy Trust 及
New Directions Publishing Corporation, New York. 允准翻譯及出版

Printed in Hong Kong

刷次	15	14	13	12	11	10	9	8	7	6
年份	2033	2032	2031	2030	2029	2028	2027	2026	2025	2024

目錄

作者序言

這不僅僅是一本舊書的新版。從很多方面來說，這都是一本全新的書。本書保存了前一版的全部內容，只刪去一些零零散散的句子。原文只作些微修改，但卻加上了很多新內容。差不多每一章的篇幅都增長了，還增加了幾個全新的篇章。這次修訂的目的不僅是將一本小書變成較大的書，而是將很多要說的新事物加進舊書裏，叫人得益。作者有非常充份的理由在從前說過的話的範疇裏面，用一個不同的方式說出這些新事物。

這本書的舊版和新版之間相隔了超過十二年。第一次撰寫這本書時，作者完全沒有面對別人的需要和問題的經驗。該書是在一種與世隔離的情況下寫成的，作者獨自經歷了自己的默觀生活。而這類書也許只能在獨處之中才會寫得最好。第二次書寫時，獨處的情況仍然和上次一樣：不過作者的獨處已有所改變，這次作者接觸到其他獨處者；接觸到他修道院羣體中見習修士與經院哲學家的孤單、純樸、困惑；接觸到修道院外面的人的孤單；接觸到教會外面的人的孤單……。

由於這個新觀點，作者在重寫這本舊作時遇到很多問題。是否用**默觀**一詞也是個不小的問題。在很多方面那都是個引人誤會的字詞。這字詞會引起莫大的期望，而那些期望卻因為誤解而極可能只是幻覺而已。默觀差不多可以成為一個藏有奇異魔力的字詞，即使不是有魔力，也是有靈感的，但這樣也好不了多少。

但這字詞最大的弊處是聽起來好像是「甚麼東西」，是一種客觀素質，是可以擷取的屬靈商品，是得到了就很好的東西；擁有這東西，人就會從困難和不快樂中釋放出來。好比在我們一生的年日中，別人向我們提出過的無數計劃裏面，還有一個新鮮的計劃需要執行：成為一個默觀者。

這著作的舊版有些令人誤解的地方，其中一個是：它好像是教導讀者「怎樣成為默觀者」。那並不是作者的意願，因為一個人沒可能教另一個人「怎樣成為默觀者」。倒不如寫一本名為「怎樣成為天使」的書更好。

但不用**默觀**一詞，又會無法做修訂工作。所以修訂本書時，還是沿用原來的字眼。另外還加添了一些解釋，而且新書的頭兩章都是一些有關默觀經驗的說明，讀者細讀之餘要自負後果。

本書初版時沒想過會一紙風行，但結果卻有很多讀者。新版是否讀者眾多並不要緊，只要作者屬意的少數讀者能夠讀到就好了。這書原不打算人人都會捧讀。也不期望凡有宗教信仰的人都會讀。雖然這書並不是單單為天主教徒而寫，但仍需要表明，作者已經在每個有困難的地方，都嘗試用符合天主教神學的語言加以解釋。

世上很多有宗教信仰的人都用不著一本這樣的書，因為他們擁有一種不同的靈修學問。倘若他們認為這本書毫無意義，也用不著擔心。另一方面，或許有些沒有任何正式宗教信仰的人，會在本書的字裏行間找到一些吸引他們的東西。如果他們找到，我會很高興，因為我覺得自己虧欠他們，比虧欠別人更多。

作者按語

這本書是那種只要住進修道院便差不多會自動寫就的書。也許這正是較少見到這類書籍面世的原因。人們見過太多激情、太多身體暴力，以致不太想反思內在生命及其意義。不過，既然我們最需要的是內在生命與默觀——我只談由神的愛引發的默觀——那麼寫在這些紙張上的這種思考，便應該是我們這個時代每一個人——不單修士——都極其渴慕的事。正因如此，縱使這類書籍已經變得陌生，我仍然認為毋須為出版一冊關於內在生命的零碎感想、信念和格言的書，而特別賠不是或找藉口。

倘若讀者需要一點提醒——其實這類著作由來已久，可以看看巴斯葛（Pascal）的《思想錄》(*Pensées*)、十架聖約翰（St. John of the Cross）的《警告》(*Cautelas*)及《告誡》(*Avisos*)、嘉爾篤會隱修士季高（Guigo the Carthusian）的《默想錄》(*Meditationes*)，又或者讀一遍《效法基督》(*The Imitation of Christ*)。然而，筆者提到這些名字，看起來好像有意把本書與這些偉人的著作相提並論；其實作者永遠都不敢高攀模仿他們。作者列出他們的著作只是想表明，出版這批僅是筆記和個人反思的文稿，也算得上是正確有理的。

這些感思都是任何西斯特教團（Cistercian）修士[1]都可能想到的觀點；感思不經意的乍現腦海，有空便記在紙上，不分先後，也不講究次序。記下來的並不是涵蓋了內在生命的一切。恰恰相反，其中存在著不少想當然或者先設的假定。所有記載於基督的福音書和聖本尼迪克會（St. Benedict）會規的教訓、一切為天主教傳統所接納關乎基督徒苦行的自我約束，均視為理所當然的事，也不會嘗試為這些觀點或任何其他意見辯護。本書不少紀錄的源起和理據均出自十二世紀西斯特教團修士的著述，特別是克萊窩的聖伯納德（St. Bernard of Clairvaux）的文獻。聖伯納德替筆者所屬的默觀修道會的靈性塑造出力至巨。但是熟悉十架聖約翰著作的人又會發覺，本書談到默觀祈禱方面時，很多都是遵循這位西班牙裔白袍修士（Carmelite）所訂下的方針。因此本書不會自詡有甚麼突破，甚或有甚麼創新。我們懇切希望本書沒有一句是在基督教傳統中前所未見的話。

所以這本書原可以由任何一位修士撰寫。書中或多或少表達了縈繞在所有默觀者心頭的感思——縱或他們

1. 本書完稿及出版之後的十二年裏面，好幾位西斯特教團修士都極力否認書中的見解是正規西斯特教團的特色，也配不上正規的西斯特教團。這或許都頗有道理。

的脾性與個性各有不同。本書所抱的目的或理想不外是一般基督徒蒙恩生命的實踐，因此，這兒所説到的一切均可以應用在任何人身上，不單是在修道院內，也在俗世中。

另外，本書也沒有自詡為精心傑作。實際上，差不多所有抱相同想法的人都可能寫得更好。筆者剛巧寫了這本書，這事實並不構成甚麼分別，沒有錦上添花，當然我們希望也沒有帶來損害。因為本書屬於那種影響力不為任何凡間作者所左右或所能左右的書籍。這本書是在神的臨在中寫成的，倘若你讀這本書時能夠讓自己與這位神相交的話，你便會對這書感興趣，也許還會從中得著益處；所靠的是祂的恩典，遠過於靠作者的努力。假如你不能在這些條件下閱讀，無疑這本書最少也會給你一份新鮮感。

譯者序言

如果你以為這是一本教人怎樣「進行」默觀的書，像坊間常見的工具書一樣，從中學會幾道板斧，便可笑傲江湖，你會大失所望。因為梅頓開宗明義就說：默觀不能教。甚至不能以言語説明。

這也不是經過連串研究觀察而成的力作；它沒有搜集大量理據證明默觀的重要。梅頓只是憑經驗實話實說。他認為修道院很多人都可以撰寫這樣的一本書。

梅頓沒有「促銷」默觀。他甚至勸那些閑不下來的活躍分子無謂嘗試。

如果你還是拾起這本書來讀的話，你會發覺書雖薄，卻不想匆匆翻完便算，因為裏面很多東西說到心坎去，叫你有所領悟。隨便讀一章都能引發深思頓悟。誠願梅頓的默觀籽粒在你心田開花結果。

祝福你，因讀這本書而謙卑自己、相信神、做個神認識的人。

羅燕明

二〇〇二年一月於溫哥華

第一章
默觀是甚麼？

默觀是一個人的理性與靈性生活的最高表現。它就是那生活的本體，全然清醒，充分活躍，完全知道自己活著。它是個屬靈奇觀。它是對生命、對存在的神聖本質油然而生的敬畏。它是對生命、對醒覺、對存在的感激。它是個頓悟，清楚認識到我們裏面的生命與存在是出自一個看不見的、超越的、無限豐盛的源頭(Source)。默觀，最重要的是，領悟到那源頭的實在。它**認識**那源頭，朦朦朧朧的、無法解釋的，但又帶著一種肯定，既超乎理智，也超越單純信心。事緣默觀是一種屬靈的視野，是理智與信心都自自然然渴望能達到的；因為沒有這種視野，理智與信心就必然永遠停留在不完全的層面。不過，默觀並不是視野，因為它「不看」而見、「不知」而懂。它是更深入的信心、是一種深得不能以圖像、文字，甚或清晰的概念去全面理解的知識。可以用文字、用符號去暗示，然而當默觀者的思想嘗試表示自己知道的是甚麼那一刻，他的思想就會收回自己所說過的話，否定自己所肯定了的；因為我們在默觀之中是藉「不知」而懂得。或許更好的說法是，我們的懂得是**超越**所有的知或「不知」。

詩歌、音樂、藝術與默觀經歷都有一些共通之處。但是默觀卻又超越審美直覺、超越藝術、超越詩歌。事實上，它也超越哲學，超越理論神學。它使所有那些東西復燃，並超越它們、把它們實現出來；卻又同時好像，在某程度上，把它們都取代及否定了。默觀永遠都超越我們自己的識見，超越我們自己的亮光，超越系統，超越解釋，超越論述，超越對話，超越我們自己。人要進入這個默觀境界，就必須在某程度上死去；不過這死其實是進入更高的生。是為了生而死，把一切我們可以認知或珍重為生命、思想、經歷、喜悅、存在的都留下。

因此默觀似乎取代了和淘汰了所有其他形形式式的直覺與經驗——無論是在藝術、哲學、神學、禮拜儀式之中，還是在一般愛與信仰的層面之中。當然這種排斥只是表面的。默想與所有這些都是相容的，而且必須如此，因為默想是它們最完滿的實踐。只是在默觀的實際體驗中，所有其他感受都暫時消失。它們「死去」，是要在生命一個更高的層面重生過來。

換句話說，默觀盡力挨近那位超然而不可明言的神，希望認識祂，甚且經歷祂。默觀認識神，好像觸摸到祂。或許應該說，默觀認識神，有點兒像被神無形地觸摸了一下……。被祂觸摸，祂是那位沒有手，卻是純然的實在(Reality)，是一切真實事物的源頭！因此默觀是一種意想不到的意識恩賜，是對一切真實的事物裏面那位實在的(Real)的覺醒。是鮮明地意識到處於我們自己有限的本體的核心中那位無限的生命(Being)。我們意識到自己這個非本質的實在是得來的，是神賜的禮物、是無條件的愛的餽贈。這就是我們用「被神觸摸」這個隱喻時所指，基於存在的接觸。

默觀又是回應一個呼召：從祂而來的呼召；祂雖然沒有聲音，卻在所有現存事物中説話，最重要的是，祂在我們生命的深處説話：因為我們本身就是祂的話語。不過我們原本就是要來回應祂的話語，向祂答話，與祂共鳴，甚而在某程度上，盛載祂、代表祂。默觀就是這個回響。它是我們心靈最深處的一個深沉共鳴，我們的生命在其中不再有自己獨立的聲音，而是和應那位隱藏的(Hidden)、永活上帝(Living One)的威嚴與仁慈。祂在我們裏面回答自己，而這個答覆是屬天的生命、屬天的創造力，使一切都變成新的。我們自己成了祂的回響和祂的答案。這好像是神造我們時問了一個問題，而又在喚醒我們進入默觀時解答了那個問題，以致默觀者同時既是問題，也是答案。

◆ ◆ ◆

默觀生活包含了兩個意識層面：首先是意識到那個問題，其次是意識到那個答案。雖然這是兩個明確而且分別很大的層面，但其實所意識到的是同一樣東西。問題本身就是答案。而我們本身就兩樣都是。不過我們要進入了第二種意識才曉得這一點。我們醒覺，不是要找到一個與問題截然不同的答案，卻是領悟到問題本身就是答案。而一切都總結在一個意識裏—— 不是一個議題，而是一個經歷：「我〔神〕是。」

我在這裏談到的默觀與哲學無關。它不是形而上本質的靜態意識，把那些本質看作是不變和永恆的屬靈物品。它不是對抽象概念的沉思。它是對神宗教上的理解；是透過我在神裏面的生命，或如新約聖經所說，透過「作為神的兒女」而生的理解。「因為凡被神的靈引導的，都是神的兒子……聖靈與我們的心同證我們是神的兒女。」〔譯按：羅八14、16〕「凡接待祂的，……祂就賜他們權柄作神的兒女。」〔譯按：約一12〕因此，我所說的默觀是虔誠及超然的恩賜。它不是我們單靠自己便可以達到的；靠智力或靠修煉自己與生俱來的能力也不可以達到。它不是一種自我催眠，不能靠集中注意自己內在的靈性便產生。它不是我們自己努力的成果。它是神的恩賜；神因著自己的仁慈，照亮我們的思想與心靈，喚醒我們內在的意識，叫我們知道自己是祂的一言 (His One Word) 所出的話語，而那位創造的靈 (*Creator Spiritus*) 住在我們裏面，我們也住在祂裏面，從而完成我們裏面隱密神祕的創造工程。是神的恩賜叫我們知道，我們是「在基督裏面」，而基督也住在我們裏面；叫我們知道，我們裏面的自然生命已經在基督裏被聖靈完成了、提升了、更新了，並得到充份發揮。默觀是一種意識及領悟，甚至在某程度上是**經驗**，每個基督徒都隱約相信的：「現在活著的不再是我，乃是基督在我裏面活著。」〔譯按：加二20〕

故此，默觀不僅是仔細思量關乎神的抽象道理，甚且不僅是感情豐富地默想我們所信的。它是醒覺、啟迪，以及奇妙的直覺領悟；藉此，愛更加確信神帶著創造力和活力介入我們的日常生活之中。故此，默觀不是單單「找出」一個對神的清晰概念，然後把神限制在那概念的範圍內，把祂當作囚犯一樣扣留，使自己可以隨時回去找祂。相反，默觀是被祂帶走，進到祂自己的領域、祂自己的奧祕與祂自己的自由中。那是一種純全、貞潔的認知，不善於構思，更加不會推理，卻又能夠憑著其貧乏與純真追隨真道，「不管往何處去。」

第二章
默觀不是甚麼？

消除對默觀的誤解，惟一的方法就是親身經歷默觀。人在自己的生命中，對這個突破和這個醒覺的本質，若不是有一個嶄新而真實的、實實在在的認識，便不得不被大多數有關默觀的論説所誤導。因為默觀不能教，甚至不能清楚説明。只能稍作暗示、提議、示意，以符號代表。人若嘗試分析它，愈是客觀科學便愈會把它的真正內容掏空，因為這個經歷是超乎言語和理性所能及的。沒有甚麼比為默觀經驗制訂一個假科學定義更叫人反感。原因之一是那個企圖制訂定義的人總會想著從心理學的角度去行，但又實在沒有恰當的默觀**心理學**。描述「反應」和「感受」，就是把默觀放到找不到的地方——自覺的表層，那個可以藉著反思作觀察的地方。然而這個反思、這個自覺，正正是默觀者真正醒覺時，要「死去」和像污穢衣服一樣棄掉的那外在的我的一部分。

默觀不是，也不可能是，這個外在的我的一種功能。那個只有在默想中才醒覺、存於深處、超然的我，與我們一般以單數第一身稱呼的、表面的、外在的我，兩者之間存著難以縮減的對抗。我們必須記得，這個表面的

「我」並不是我們真正的自己。它是我們的「個人特徵」("individuality") 和「經驗的我」("empirical self")，而不是那個真正隱藏奧祕的人——在神眼中，我們存活在那個人裏面。這個在世上工作的「我」，為自己著想、觀察自己的反應、談論自己，但卻並不是那個已經在基督裏與神合而為一的真「我」。它極其量只是罩衣、面具，那神祕未知的「我」的偽裝，我們大多數人要等到死後才會發現那個真「我」。[1]我們外在、表面的我並不是不朽的、屬靈的，遠遠不是。這個我注定要消失，如煙囪升起的炊煙一般完全消散。它十分虛弱，瞬即消逝。默觀正正是意識到這個「我」其實「不是我」，是不知的「我」的覺醒；而這個不知的「我」既超越觀察和反思，也不能為自己表示甚麼意見。它甚至不能像另外那個我一般蠻自信和傲慢地說聲「我」，因為它的本質是要在這個人人都說己道人的社會裏，隱藏起來、無名無姓、沒有身分。在那麼一個世界裏，真正的「我」保持啞口無言、隱然不現，因為它有很多話要說——卻沒有一句是關於自己的。

沒有甚麼比笛卡兒 (Descartes) 的名言*cogito ergo sum* (我思故我在) 與默觀更為格格不入。「我思故我在。」這是一個疏離的人的宣言，他從自己靈性深處流放出來，被迫在證明**自己存在的證據**（！）中尋覓一點慰藉，而證

1. 「地獄」可以形容為與我們那個在神裏面的真存在、真我永久隔絕。

據則建基於他觀察到自己有「思想」。假如他必須以自己的思想作媒介來得到自己存在的概念，那麼他其實離開自己真正的存在更遠。他將自己縮小為一個概念，令自己不可能直接和即時地體驗自己存在的奧祕。與此同時，他也將神縮小為一個概念，令自己不可能直覺地感受到神不可言傳的實在。他認識自己的存在的方法是把自己當作一個客觀的實體，即是說，他努力感受自己，好比感受一個與自己無關的「東西」一樣。於是他證明那「東西」是存在的。他說服自己：「因此我是一件**東西**。」然後他繼續說服自己，那位無限、超越的神也是一個「東西」、一件「實物」，像我們思想裏其他那些有限和受制的物體一樣！

默想卻恰恰相反，它是從經歷中領悟到實在是**主觀的**，在存在的奧祕中，它不是「我的」(那意味著「屬於外在的我」)，而是「我自己」。默觀達到實在，不是經過一番推理，而是憑直覺的醒悟；在這醒悟當中，我們自由而個人的實在，全然感受到那通往神的奧祕、自己存在的深處。

對默觀者來說，並沒有 *cogito*(「我思」)和 *ergo*(「故」)，只有 *SUM*，「我是」。意思不是徒然地堅持自己的個人特徵是最終的實在，而是謙卑地體會到自己作為人的奧祕生命，乃是神以無限的甜蜜和不可剝奪的能力內住之所。

默觀顯然並非只是個性被動、安靜的人的事。也並非只是惰性，無所事事、精神上的寧穩。默觀者並非只是個喜歡坐下來思想的人，更不是懶洋洋、眼光呆滯的人。默觀不僅是細心思考，或喜愛反思。當然，在我們這個淺薄、機械化的世界，一點也不應輕看愛思考和反思的性格 —— 這種性格大可令人更願意進入默觀。

默觀並不是常存禱告的心，也不是偏愛在禮拜儀式中尋覓平安滿足。這些同樣都有極大的好處，也差不多都是進入默觀經歷不可或缺的準備工夫。然而單是它們本身卻永遠不會構成那個經歷。默觀直覺跟性情一點也拉不上關係。雖然有時品性安靜的人會成為默觀者，但他也可能會因其被動性格而不願意經歷內心的掙扎，以及那通常領人到達更深屬靈覺醒的危機。

另一方面，也可能會有活躍熱情的人對默觀有所醒覺，而且可能是頗突然、沒有經過太多掙扎。但是有一件事必須說清楚；通常，某些活躍的人不會有默觀的傾向，若不是經過千辛萬苦，也不會做得到。事實上，也許他們甚至不應該去想它或尋求它，因為他們這樣做時，會努力做出一些毫無意義或毫無作用的荒謬舉止，弄得自己緊張兮兮、受傷纍纍。這類人性好幻想、熱情及主動追求，他們嘗試達到默觀境界時，會把默觀當成追求某個目標——如財富、官位、教授或主教之職，弄得自己疲憊不堪。然而，默觀永遠不可以成為有計劃的野心的目標。默觀不是一種我們依計劃、實事求是地思考便得到的東西，而是我們好像曠野被追獵的鹿兒渴望溪水一般，渴慕屬靈的活水。

◆ ◆ ◆

不是我們選擇喚醒自己，而是神選擇喚醒我們。

◆ ◆ ◆

默觀不是催眠狀態或狂喜境界，不是聽到突發的、說不出來的字句，亦不是眾光的幻象。它不是隨著宗教激情而來的火熱與甜蜜。它不是熱情——感到被自然的力量「抓住」，被玄妙的狂亂猛然釋放。這些事情或許有點像默觀的覺醒，但僅限於它們暫緩我們那以經驗為依歸的我所執行的一般意識與控制。但它們不是「深層的我」("deep self")所作的工，只是激情和肉體不自覺的產品。它們是「本我」("id")放蕩力量的湧現。〔譯按：「本我」指潛意識的最深層，無意識的原始精神能源，與自我〔*ego*〕、超我〔super *ego*〕構成人類人格的三個基本力量。參陸谷孫主編，《英漢大詞典》，頁869。〕這類表現固然可以伴隨一個既深且真的宗教經歷出現，但那並不是我在此談及的默觀。

◆ ◆ ◆

默觀也不是先知的恩賜，亦不包含看出人心祕密的能力。這些恩賜與能力有時會與默觀一道出現，但並不是默觀的重要元素，把它們混為一談便大錯特錯了。

還有很多其他途徑供人逃出以經驗為依歸、外在的我；它們看似是默觀，但其實不是。例如，在極權制度下的遊行中，被集體狂熱抓住、出了竅的經歷：對黨效忠的自義情緒上湧，蓋住了良知，奉階級、國家、黨、種族或派系之名，替每個犯罪傾向開脱。這些國家或階級的假神祕感 (false mystiques) 之所以危險卻又富吸引力，正正是因為它們引誘那些不再意識到任何深層或真正屬靈需要的人，並且假裝能夠滿足他們。大眾社會 (Mass Society) 的假神祕主義 (false mysticism) 叫一些人著迷；這些人與自己、與神那麼疏離，以致他們不再能夠有真正的屬靈經歷。〔譯者按：「大眾社會」指現代西方類型的社會，特徵為大規模的工業化，城市的巨大發展，人際關係膚淺，個人無個性等。錄自陸谷孫主編，《英漢大詞典》，頁 1099。〕然而，這些形形式式的狂熱合成品才正正是人民的「鴉片」—— 弄到人不再意識到自己最深最大的個人需要，把人與自己的真我隔絕，令良知與個性沉睡，把自由講理的人變成強權政客的傀儡。

別期望在默觀中尋獲避免衝突、苦惱、疑惑的途徑。反而，默觀經驗那深沉、難以形容的確信喚醒一種慘痛的苦惱，亦揭開不少心靈深處的問題，好像不能止血的傷口一般。每次得著深深的確信，便長出相應的表面「疑惑」。這疑惑決不是要與真實的信心對著幹，卻是不留情面地察驗、質疑日常生活的偽「信心」—— 人的信心；而那信心不外是照單全收相沿成習的意見而已。這個我們通常靠以為生，甚至把它與自己的「宗教」混為一談的假「信心」，受到無情的質疑。這煎熬是一種火的試煉，在默觀幽暗的光中臨到我們的那不可見的真理之光催迫我們，使我們不得不察驗、懷疑，最後剔除所有我們直到目前為止都當作教條一樣接受的偏見和常規。因此，真正的默觀顯然與自滿、與自以為是地接受偏見不能並存。默觀並非如某些人相信那樣，只不過是**現狀**（*status quo*）中消極的默許—— 因為這樣會把默觀縮減為屬靈的麻醉。默觀決不是止痛劑。這是怎樣的一場大毀滅：破舊的字句、陳腔濫凋、標語口號、文過飾非，都慢慢燒成灰燼！最慘痛的是，即使是看似**神聖**的構想，皆一併燒掉。那是駭人的場面，偶像被粉碎焚毀，聖所得到潔淨，再沒有偶像能佔用神命定必須虛位以待之處：那個中心，那個存在的神壇，就是直截了當的「在」("is") 。

最終，默觀者認識到自己**不再知道神是甚麼**，因而備受煎熬。他可能會，亦可能不會，有幸體會到，畢竟這是極大的得益，因為「神不是一個**甚麼**」，不是一件「東西」。那正好是默觀經驗的其中一個基本特色。默觀看到沒有「甚麼」可以被稱為神。「沒有哪件東西」是神，因為神並不是一個「甚麼」，也不是一件「東西」，卻純然是一位**「誰」**。[2] 祂是那位「您」，我們最深層的「我」在祂面前猛然醒覺。他是那位「我是」(I Am)，我們在祂面前以自己最私人的、不可剝奪的聲音響應說：「我是。」(I am)

2. 這不應被當作是指人對神的本性缺乏正確觀念。然而在默觀之中，對神的本質的抽象概念不再重要，因為那些概念被一種具體的直覺代替，而那直覺是建基於愛，以神為一個位格、愛的對象去愛，而不是一種會成為研究或佔有欲的目標的「自然狀態」或「東西」。

第三章
默觀的種子

每個人在世上生活的每一刻、發生的每一件事，都在他心靈種下一點甚麼。正如一陣風帶來千百粒長著翅膀的種子一樣，每一刻都帶著屬靈生命力的胚芽，無聲無色地安躺在人的心思和意志中。這些不計其數的種子多數壞死喪失，因為人沒有準備好接受它：這一類種子不可能隨便在甚麼地方都萌芽生長，除非是落在自由、隨意和愛的好土壤裏。

這不是甚麼新觀念。基督很久以前在撒種者的比喻中告訴我們：「種子就是神的道。」〔譯按：路八11〕我們通常以為這是單指福音書的話而言，即星期日正式在教會宣講的那些話(如果教會仍然傳講那一套的話！)。但是每一句表達神旨意的言語其實在某程度上都是神的一句「話」，因而是新生命的一粒「種子」。我們居住其中、不斷轉變的現實，應該叫我們醒悟到與神不停對話是可能的事。我所指的意思不是沒有間斷地「說話」，也不是有些女修道院內修習的那種閒談式感性禱告，而是關乎愛與選擇的對話，深層意志間的對話。

在生命的一切境遇裏面，我們所感受到的「神的旨意」，並非僅是受外頭一種沒有人情味的法規所支配，反而最重要的是，它是個人的愛在我們裏面發出的邀請。很多時，我們慣性地把「神的旨意」視為一股莫名其妙的霸氣，帶著不共戴天的仇恨壓下來；這種想法導致人對這個他們覺得難以敬愛的神盡失信心。這種對神旨意的看法會將人的軟弱趕進絕望當中，讓人不禁想到，這看法本身豈不往往表述一種絕望感，令人難以忍受得不肯自覺地加以考慮。這些出自一個盛氣淩人、麻木不仁的父親的專橫「命令」，很多時是恨的種子多過愛的種子。假如我們就是這樣看神的旨意，便不能尋獲默觀中相遇那隱藏而親密的奧祕。我們只會想遠走高飛、離祂愈遠愈好，永遠躲避祂的面。有這麼多東西取決於我們對神的觀念！可是，沒有一套對神的觀念，能夠充分表明真正的祂，不管那套觀念多麼純潔和完美。我們對神的觀念所表白的是我們自己多於神自己。

我們必須學習體會，在每一個處境中，神的愛都在尋覓我們，叫我們得益。祂那不可思議的愛尋求我們的覺醒。不錯，既然這個覺醒意味著一種向外在的我死，我們就會害怕祂來；害怕的程度與我們對這個外在的我有多認同、有多依戀成正比。不過，我們明白了生與死的辯證藝術，就會學習冒信心所包含的風險，作出抉擇，把自己從因循的自我解放出來，打開一道門，通往新的人生、新的現實。

思想若被相沿成習的觀念困囿，意志若被自己的欲念拴住，均不能接受不熟悉的道理的種子和超自然的渴求。因為如果我愛上了束搏，又怎能領受自由的種子呢？如果我被另外一個與神敵對的渴望充滿，我又怎會珍惜對神的渴慕呢？神不能在我裏面種植祂的自由，因為我是個被囚的人，我甚且不想得釋放。我喜歡被囚禁，我把自己關押在自己所恨的東西的欲望中，而且我硬著心，抗拒真愛。因此，我必須學習放棄那些熟悉的、慣見的，並對那些新的、不熟悉的表示贊同。我必須學習「脫離自我」，從而能夠順服神的愛，以致尋到自己。如果我尋求神，每一件事、每一刻，都會在我意志裏撒下祂生命的種子，那些種子有一天將會萌芽生長，結果纍纍。

實在是神的愛用陽光來溫暖我，也是神的愛差來冷雨。是神的愛讓我吃米飯得餵養，也是神利用饑餓和禁食來餵養我。是神的愛在我又冷又病時差來寒冬日子，在我辛勞作工、汗濕衣衫時差來炎夏：但也是神利用拂過河面的輕風、吹過樹林的微風向我吹氣。工人樹下坐，騾子樹下站，祂的愛展開梧桐樹蔭遮我頭，又差遣負責茶水的小男孩提著一桶從清泉打來的涼水沿著麥田走過來。

神的愛藉小鳥和溪水對我說話；但是在城市喧鬧的背後，神又藉祂的審判向我說話，而這一切一切都是祂的旨意送來給我的種子。

如果這些種子在我的自由裏扎根，如果祂的旨意在我的自由裏生長，我就會成為那等如祂的愛，而我的收穫就是祂的榮耀和我的喜樂。

我會與其他成千上百萬計的自由一同成長，成為一片壯大的金黃禾田，滿田豐收，滿田麥子，歌頌讚美神。假如我在所有事上，考慮的只不過是工作替我的意志贏取回來的冷與暖、糧食或饑餓、疾病或辛勞、美或樂、成與敗，或者物質的好或惡，我找到的只會是虛空而不是快樂。我不會得到餵養，不會飽足。因為我的食糧是祂的旨意；祂造我，也造萬物，好能藉著萬物把自己賜給我。

我最關心的不應是尋求歡愉或成就、健康、生命、錢財或休息，或者甚至像美德和智慧那些東西——更不用説相反的東西，如痛苦、失敗、疾病、死亡。然而在一切事上，我惟一的渴望和惟一的喜樂應該是知道：「這是神定意給我的東西。在其中可以找到神的愛，而我接受的時候就可以把祂的愛還給祂，並且同時也把自己交給祂。因為我獻上自己的時候便會找到祂，而祂是永存無盡的生命。」

我若以喜樂的心贊同神的旨意，並歡歡喜喜的行出來，我心中就有神的愛，因為如今我的意志與神的愛吻合，我正逐漸變成祂的模樣，而祂就是愛(Love)。我若接受祂所賜的一切，就接受祂的喜樂進入我心靈，不是因為現狀如何，卻是因為神是神，祂的愛定意要我在所有狀況中得著喜樂。

◆ ◆ ◆

我怎能知道神的旨意呢？即使再沒有其他更明確要我順服的指令，例如一個合理的命令，通常每個處境的性質本身都存著某些徵兆，暗示神的旨意是甚麼。因為凡是真理、公義、憐憫，或者愛所召喚的，就肯定應該視為神所定意的。因此，贊同祂的旨意，就是同意要真誠、說真話，或者至少務求做到。順服神就是回應祂在別人的需要中所顯示的旨意，或者至少也尊重他人的權利。因為他人的權利乃是神的愛和神的旨意的表示。神要求我尊重他人的權利，並非僅是要我遵守某些抽象、專橫的法規：祂是讓我，作為祂的兒子，在祂自己對我弟兄的關顧上有份。沒有一個忽視別人權利與需要的人，可以期望能行在默觀的光中，因為他的路已經偏離了真理，偏離了慈憐，因此也偏離了神。

工作的要求也可以理解為神的旨意。假設我要在花園鋤泥，或者造一張桌子，如果我認真對待所要做的工作，那麼我就是順服神的旨意。細心把工作做好、以愛與尊重看待工作的性質、一直不忘記工作的目的，就是在工作上將自己與神的旨意聯合。這樣我就成為祂的器皿。祂藉著我作工。若我充當祂的器皿，我的工作就不會成為默觀的障礙，即或我作工時，腦裏暫時都充塞著工作，以致不能進入默觀之中。然而我的工作會淨化和安撫我的思想，幫助我準備好進入默觀。

不自然的、忙亂的、焦躁的工作，在貪婪、恐懼或任何其他過分的激情的壓力下所作的工，正確地說，都不可能是為主而作的，因為神從來都不會主動要人做那類工作。祂或許會容許我們不是因為自己犯了甚麼錯，卻是由於自己的罪，以及我們活在其中的社會的罪，而要瘋狂地、一心多用地作工。那樣的話，我們就要忍受。既然避無可避，倒不如盡量善用。但是不要漠視正確健全的工作與違反自然的苦幹之間的分別。

無論怎樣，我們務要符合自己目前的職責、要作的工、神賦予我們的本性之**道**（*logos*）或真理。默觀者順服和全情投入神的旨意，意思永遠不是指他對神在人生命和工作中注入了的天賦價值觀抱高雅的不在乎態度。絕不可以將麻木與超脫混為一談。默觀者固然一定要超脫，但他永遠不能容許自己對人類真正的價值標準失去感覺能力，不論那標準是社會的、其他人的還是自己的。如果他失去了感覺能力，那麼他的默觀就注定要失敗，因為根基已經敗壞了。

第四章
現存之物均聖潔

超脱物質的意思不是在「物」與「神」之間築起對立面，好像將神當作另一「物體」，而祂所造的萬物是祂的對頭一般。我們不是為了使自己附屬於神而脱離物質，相反我們超脱**自己**，為的是可以在神裏面和為著神的緣故，觀察及使用萬物。這是個完全嶄新的看法，但不少誠懇、有道德及苦行人士卻完全看不到這點。神所創造的萬物不含一點邪惡，凡屬於祂的也不會阻礙我們與神聯合。障礙在我們的「自我」裏面，即是說，在於我們堅持要保持自己的獨立、外在、以自我為中心的意志。當萬物都以這個外在和虛假的「自我」(false "self"，下稱假我)為依歸時，我們就將自己與現實和與神割離。然後，這假我成為我們的神，我們為這個我的緣故而愛上一切。我們可以説是利用萬物來膜拜這個偶像——我們假想的自我。我們這樣做就促使萬物墮落腐敗；或者換句話説，我們將自己與萬物的關係弄成一個腐敗、充滿罪的關係。萬物不會因我們這樣做而變成邪惡，然而我們卻利用萬物使自己更依附虛幻的自我。

那些將神賜的美物當作惡物，從而嘗試逃出這處境的人，只是證明他們真的處於可怕的幻覺中。他們就像伊甸園裏亞當埋怨夏娃、夏娃埋怨蛇一樣。「女人引誘我。美酒引誘我。美食引誘我。女人有害，美酒有毒，美食致命。我一定要恨惡痛斥之。恨之便能討神喜悅……」這些是嬰孩、野蠻人、拜偶像者的思想和態度；他施魔咒和蠱惑來保護那以自我為中心的自我，撫慰他心中那永不滿足的小神祇。把這麼一個偶像當作神，是最不堪的一種自欺。這樣做會使人變成狂熱分子，再也不能持守真理，再也不能維持真愛。

這些狂熱分子為了要相信他們的自我是「聖潔」的，便把其他的一切都視為不聖潔。

◆ ◆ ◆

有說聖人和偉大的默觀者從來都不愛受造之物，對世界不了解也不欣賞，包括世上的聲色及居住其中的人；那是不實之說。他們愛萬物，愛每一個人。

你以為他們對神的愛，與他們對那些在在反映神、表明神的事物所存的憎恨，兩者可以並行相容嗎？

你會說他們應該全神貫注在神身上，除了祂甚麼也看不入眼。你以為他們整天板起臉孔四處走，不聽向他們說話的人的聲音，也不理解周遭的人的喜與悲？

正因為聖人全神貫注在神身上，所以他們才真正能夠看到和欣賞受造的萬物，亦因為他們只愛祂一人，所以只有他們才愛每一個人。

◆ ◆ ◆

有些人似乎認為聖人不可能對任何受造之物自然而然地產生興趣。他們以為任何形式的自發行為或享受都是滿足「墮落本性」的罪行。他們以為若要使成為「超自然」，就要使用陳腔濫調和任意提及神的名字去阻止所有自發行為。按照他們的說法，這些陳腔濫調的目的是與一切都保持距離，阻撓自發的反應，驅除罪疚感。又或者是培養這類感覺！有時令人不禁想到，畢竟，這類德性豈不就是一種對罪疚的愛好！他們假設聖人一生除了與罪疚長期鬥爭之外，絕不可能再有其他任務，而且聖人甚至連喝一杯涼水也不能不為消渴而做出痛悔的舉止，好像那是個不可饒恕的罪行一樣。彷彿每次聖人對美、對善、對賞心樂事有所回應，都是犯罪。彷彿除了禱告及內心的敬虔行為以外，聖人就永遠不可以容許自己為任何事感到快慰。

聖人可以愛受造之物、享用之，並以絕對簡單而自然的方式與它們打交道，而且不會鄭重地提到神，或叫人留意自己有多聖潔，行事亦完全不帶任何僵化的虛偽。他的溫柔親切，並不是屬靈緊身衣那叫人喘不過氣來的克制透過毛孔擠出來；卻是出於他直接對真理的亮光和對神的旨意俯首聽命。因此，聖徒可以廣談世事而沒有明確地提到神，而他說話的方式令他的言辭比那不及他聖潔的人的評論更能榮耀神，並且更能激勵人愛神。那個不及他聖潔的人要竭盡全力才可以勉強將受造物與神連接起來；他打的比方和隱喻都是陳舊不堪，軟弱得使人以為宗教有些不妥。

聖人曉得這個世界和神所造的萬物都是好的，而那些不是聖人的人若不是以為受造物是不潔的，便是對這問題愛理不理的，因為他們只關心自己。

聖人的眼睛使萬物都聖潔，聖人的手觸及的萬物都為神的榮耀而分別為聖，而且永遠沒有甚麼東西能得罪聖人，他也不定人的罪，因為他根本不認識罪。他只認識神的憐憫。他知道自己在世上的使命是把神的憐憫帶給所有人。

◆ ◆ ◆

我們與神的愛合而為一，我們就在祂裏面擁有一切。我們在祂兒子基督裏面將萬物獻給祂。因為萬物都屬於神的兒女，而我們屬於基督，基督屬於神。在一切歡愉與苦痛、喜與愁、善與惡之上，我們安身在祂的榮耀中，愛祂在一切事物中的旨意，而不是愛事物本身，而我們就是這樣把受造物作為頌讚神的祭。

這就是神造萬物的目的。

◆ ◆ ◆

世上惟一真正的喜樂就是逃出假我的牢籠，並憑著愛與那位生命 (Life) 合而為一；那生命在每個受造物的本質裏和在我們心靈的核心中內住歌唱。在祂的愛裏，我們擁有一切，並享受萬物的成果，在萬物裏面找到祂。因此，我們在世上行走時所遇上的一切，看到、聽到、摸到的一切，不但不會玷污我們，反會淨化我們，在我們心中種下默觀與天堂的善果。

未臻這完美的極致之前，受造物帶給我們的不是喜樂，而是痛苦。除非我們完全地愛神， 否則世上所有的事物都會傷害我們。而最大的不幸是對它們加諸我們的傷痛毫無感覺，對那傷痛是甚麼也懵然不知。

除非我們完全地愛神，否則祂的世界仍然充斥著矛盾。祂所造的事物吸引我們靠向祂，卻又妨礙我們靠近祂。它們引我們上路，卻又在途中突然要我們停下來。在它們裏面，我們在某程度上看見祂，然後我們又完全見不著祂。

正當我們以為在它們裏面發現了點點喜樂之時，那喜樂卻變為憂愁；正當它們開始討我們歡心之時，那歡愉卻變成痛苦。

在所有受造物之中，我們這些還未能完全地愛神的人，可以找到一些反映天堂的實現，也找到一些反映地獄之痛苦的事物。我們找到一些蒙福的喜樂，也找到一些失落的痛苦，那就是咒詛。

我們在受造物中找到的滿足是屬於受造生命的實在，是從神而來、屬於神、反映神的實在。我們在受造物中得到的痛苦，是源於我們的欲望失調，因我們在那心儀的目標裏面尋找一種此該目標所擁有的更大的實在：一種比任何受造物能夠給予的更大的滿足。我們永遠都試圖利用受造物來膜拜自我，而不是透過神所造的去敬拜神。

然而，膜拜自己的假我就是膜拜無有(nothing)。而膜拜無有就是地獄。

◆ ◆ ◆

千萬不要把假我等同肉身。肉身既不邪惡也不虛幻。肉身有一種神賜予的實在，因此這種實在是聖潔的。所以我們說身體是「神的殿」，雖然只是象徵的說法，卻是正確無誤的，意思是，祂的真理、祂完全的實在，已珍藏在我們自身的奧祕裏。既然如此，任何人也不要恨惡或鄙視神交託給他的身體，任何人也不要誤用自己的身體。他千萬不要玷污本身天賦的整全合一，分裂自己，使魂與體對立，好像是說魂善體惡一般。魂與體一同存活於那個內在隱藏的人的實在裏。假如魂與體分開了，那麼人就不再存在，再沒有那個照著神的形像與樣式而造的、活生生的實在。魂與體在人裏面「結合」，正是使人擁有神的形像的其中一個因素；而且神所撮合的，人不可能分開而不危及他的精神健全。

把魂當作「整個我」("whole self")與把體當作「整個我」都一樣是錯。犯第一個錯誤的人是墮進天使論

(angelism) 之罪。犯第二個錯誤的人生活在神指定人性應有的水平之下。(濫說他們活得像禽獸是很容易的:但無論如何這都不一定是真確的。)有不少備受尊重的人,甚至傳統道德之士,一生中除了肉體和肉體與「物」的關係之外,便沒有其他甚麼是實在的。他們將自己貶低到過著只限於五官範疇內的生活。他們的自我因此而成為一個幻象,立足點除了感官經驗以外便甚麼也沒有。對這些人來說,身體是謊言與欺詐的來源:但那並不是身體的錯。錯是在那人本身,他同意幻象的產生,他在自欺中找到安全感,並且不肯回答神隱密的微聲,呼喚著他冒險,憑信心大膽走出五官那叫他安心的保護範圍之外。

第五章
各從其分

樹作為樹便把榮耀歸給神。因為安於神指派的本位就是順從神。可以說，就是「贊同」神造物的愛。就是表達一個概念，一個藏在神裏面的、與神的本質沒有分別的概念，所以一棵樹安於做一棵樹時就是效法神。

樹愈是像一棵樹就愈是像神。假如樹要學效一樣神從來沒有想它做的東西，樹就少一點像神，所以它歸給神的榮耀也少了一點。

沒有兩個受造物是完全相同的。他們的個別特徵也絕非瑕疵。相反地，每個受造物之所以完全，不僅是由於他符合一個抽象類型，而且是因為他本身符合自己獨特的身分。這棵樹的根在泥土中蔓延、枝幹朝空氣和陽光伸展，姿勢是前無古「樹」、後無來者的；這樣這棵樹就能將榮耀歸給神。

你可是以為世上每一個受造物都是失敗之作，因為造物主未能完全把理想中的品種實現於世上？倘若這是真的，那麼受造物便不能把榮耀歸給神，反而宣示祂不是完美的造物主。

因此，每一個獨特的生命以自己的獨特性、自己具體的本質和實體、自己所有的特徵和獨有品質，以及不可侵犯的身分，在神的愛和祂無窮的天工所命定的環境中，絲毫不差地做著此時此地神想它做的自己，從而歸榮耀給神。

◆ ◆ ◆

生長中的活物、無生命的物體、動物及鮮花和整個自然界，它們的形狀和個別特性令他們在神眼中看為聖潔。

它們內在的特性就是他們神聖之處。那是神的智慧和神的實在在它們裏面刻下的記號。

這個四月天，浮雲下田野間這頭小雄駒特有的笨拙美態，就是神自己的創造智慧奉獻給神的一種聖潔，也傳揚神的榮耀。

窗外狗木樹淡淡的花兒是聖徒。路邊無人注意的小黃花是仰視神的臉孔的聖徒。

這片葉子，有自己的質地、自成一格的葉脈，自己的聖潔形狀。隱藏在河中深潭的鱸魚和鱒魚，因牠們的美態和力量而封聖。

隱藏在羣山中的湖泊是聖徒。莊嚴地跳舞、不間斷地頌讚神的海洋，也是聖徒。

宏偉、切痕深長、半禿的大山是神另一名聖徒。沒有甚麼像這座大山一樣。它自成一格；世上再也沒有甚麼會以跟它一樣的方式效法神，以前也不曾有。那就是它神聖之處。

◆ ◆ ◆

然而，你又如何？我又如何？

我們與動物樹木不同，我們不能只做自己本性所屬意的人。那並不足夠。不能只做個別的人，那並不足夠。對我們來說，聖潔不僅是做人。如果我們除了是人之外便甚麼也不是，除了是百姓之外便甚麼也不是，我們就不會是聖人，就不能以效法為敬拜獻給神，而以效法為敬拜就是聖潔。

如果說，對我而言，聖潔在於做我自己；對你而言，聖潔在於做**你**的自我，這是正確的。而分析到最後，你的聖潔永遠不會屬於我，我的聖潔也永遠不會屬於你，除非是在愛與恩典的共同生活之中。

◆ ◆ ◆

對我來說，做聖人就是做我自己。所以聖潔與救恩的問題其實就是如何找出我是誰，以及發掘真正的自我的問題。

樹木和動物都沒有這方面的問題。神沒有諮詢過他們才創造他們，而他們也全然滿足。

我們則不一樣。神讓我們自由選擇做自己喜歡做的人。我們可以做自己，也可以不做自己，隨我們喜歡。我們有自由真實，也有自由不真實。真或假，選擇在乎我們。我們可以一時戴上這個面具，一時又戴上那個面具，倘若我們想的話，也可以永不以真面目示人。但是我們不可以既作出這些抉擇而又不受懲罰。有因必有果，倘若我們對自己和對別人撒謊，那麼我們就不能期望，我們想要真相和實況時就能夠找到。如果我們選擇了謊言，就不要驚訝，為甚麼當我們終於需要真相時，真相卻避開我們。

◆ ◆ ◆

我們的天職不單單是**存在**，而是與神同工，創造自己的生命、自己的身分、自己的命運。我們是自由的人，是神的兒女。意思是說，我們不應被動地存在，應該選擇真相，在自己和他人的生活中，積極參與祂富創意的自由。清楚一點說，我們甚至是蒙召分擔神的工作，**創造**我們身分的真相。我們可以藉把弄面具來逃避這責任，而這會令我們高興，因為有時這樣看起來似乎是一種自由、富創意的生活方式。那一點也不難做，似乎也可以討每個人歡心。但長遠來說，代價和哀愁卻十分高。作成我們自己在神裏面的身分，聖經稱為「作成我們得救的工夫」(譯按：錄自腓二12)，那需要犧牲和痛苦、冒險和很多淚水。這工夫要求我們每一刻都密切留意實況，並且當神在每個新處境的奧祕中暗暗顯明自己時，要求我們對神極度忠誠。

◆ ◆ ◆

我們事前不會清楚知道這工作會有甚麼結果。我完全的身分的祕密隱藏在神裏面。只有祂能夠使我成為我自己，或許應該說，在我終於開始完全是自己時的那個我。但是除非我渴慕這個身分，並且與神一起和在神裏面努力尋找這身分，不然這工作便永遠不會成功。達成的方法是個祕密，我只能夠向祂學習。沒有信心便沒法得知這個祕密。但默觀是更大更寶貴的恩賜，因為默觀讓我看見和明白祂想成就的工作。

每時每刻，在神的旨意下，我隨意撒下的種子，就是我自己的身分、我自己的實在、我自己的快樂、我自己的聖潔的種子。

拒絕這些就是拒絕一切；就是拒絕我自己的存在和生命：我的身分、我的自我。

不接受、不愛、不實行神的旨意，就是拒絕接受自己完全的存在。

倘若我從來沒有成為我應該達成的我，永遠都停留在不是自己的景況之中，我就會永恆地自相矛盾，同時既是甚麼，卻又甚麼都不是，一種想生卻是死的生命，一種想死卻因仍然要存在而不能置自己於死地的死亡。

◆ ◆ ◆

若說我是在罪中誕生，就是說我帶著一個假我來到世上。我生下來便戴著面具。我在矛盾的標誌下出生，做一個從來沒想過要做的人，所以也否定了我應該成為的那個人。因此，我同時了既存在也不存在，因為從一開始我就是一個不是我的人。

以非悖論方式來說同樣的事：只要我除了是生自家母的那個人，其他甚麼人也不是的話，我就做不成我應該成為的那個人，以致我倒不如完全不存在。實際上，我從沒出生過還好。

◆ ◆ ◆

我們每個人都活在一個虛幻的人的陰影之下：一個假我。

這是那個我想自己成為的人，但他是不可能存在的，因為神對他毫無認識。而連神也不認識的簡直就是有過分的私隱。

我那個虛假私隱的我，就是那個想存留在神的旨意和愛所能夠觸及的範圍以外的人——在現實和生命以外。而這樣的自我沒法不是一個幻覺。

我們不太懂得辨認幻覺，更加不會識別那些我們對自己所抱的幻覺——那些與生俱來、滋養罪根的幻覺。對世上大多數人來說，再也沒有甚麼主觀現實比這個不可能存在的假我更大。獻身於膜拜這個影子的人生就是所謂犯罪的人生。

一切罪都始於假設自己的假我——那只在以自我為中心的渴望中存在的我，是生命的基本現實，而宇宙其他一切都以它為依歸。因此我把生命盡耗在渴望歡樂和渴求經歷、權力、榮譽、知識及愛，為的是替這個假我穿上衣裳，並將假我的虛無架起成為一個客觀的真實。為了讓自己和世人都看見自己，我便用經歷纏裹自己，將歡愉與榮耀像繃帶一樣包著自己，彷彿我是隱形的，只有靠將一些能見物蓋在身上方能被人看見。

但是在我穿上的衣裳下面並沒有甚麼實質。我是空心的，我以歡樂和野心築成的架構是沒有基礎的。我在它們裏面被客體化。不過，既然只屬臨時性，它們就全都注定要毀滅。當它們煙消雲散之後，我便一無所剩，只餘自己的無遮無蓋、空虛和空洞告訴我，我是自己造成的錯誤。

◆ ◆ ◆

我身分的祕密隱藏在神的愛與憐憫裏面。

但是凡在神裏面的其實都與神一樣，因為祂無限的單純容不下任何分裂和區別。因此，除了在祂裏面，我不能期望能夠在其他地方找到自己。

最終，我能安於做自己的惟一方法就是與祂認同，在祂裏面隱藏著我存在的理由與滿足。

因此，我的存在、我的平安和我的快樂單單取決於一個情況：在發現神的過程中發現我自己。如果我找到祂，我便找到自己，如果我找到真我，我便找到祂。

可是這雖然看似簡單，但實際上卻是非常困難的事。事實上，倘若單由我自己去做，是絕不可能的。因為雖然憑自己的推想，我可以知道神的存在和本性的點滴，但是説到那種接觸、那種擁有祂——即是發現祂真正是誰，以及我在祂裏面是誰——就沒有人性的或理性的途徑可以達致。

那是沒有人能夠單靠自己做到的事。

集宇宙間所有人和所有受造物之力，也不能幫助他從事這工作。

惟一能夠教導我怎樣尋找神的就是神，惟獨祂自己。

第六章
為發現自己而禱告

有一處地方，讓我能夠會見神，可以真實地的、經驗性地接觸到祂無限的實在。這是神的「地方」，祂的聖所——是我的非本質生命 (contingent being) 靠賴祂的愛而存在的地方。在我自己裏面隱然有一個存在的頂峯，在那裏，我在我創造主的支承下存在。

神口中說出我，有如說出一個包含祂自己部分思想的字詞。

字詞永遠不能了解那把吐出它的聲音。

然而倘若我忠於神在我裏面所說出的概念，倘若我忠於那要我具體化的、有關神的思想，我就滿有祂的實在，並在自己身上處處都見到祂，但是一點也看不見自己。我會在神裏面迷失：即是說，我會找到自己。我會「得救」。

可惜得很，基督教那個美麗的比喻——「救恩」，實在被人用得太多太濫，以致受到鄙視。還成了「敬虔」一個乏味的同義詞——甚至連一個真正的道德觀念也不是。但「救恩」遠超過道德體統。這個詞包含了一份對人基本形而上的實在的深深尊重。它反映神對人的無限關心、神對人內心的愛護和眷顧，神對人，祂的兒子，心內完全屬於祂的一切的愛。神的憐憫要「拯救」的不僅是人的本性，最重要的是拯救那有人性的**人**。拯救的目標是那獨特的、不可代替的、不能傳達的——那就是我自己。這個真正內在的我必須像海底明珠一樣被撈上來，從混亂中，從曖昧不明中，從沉浸於平平凡凡、不三不四、細眉細眼、邋邋遢遢、瞬即消逝之中，拯救出來。

我們必須得到拯救，不要再沉浸在那叫做「世界」的謊話與激情的海洋裏。而最要緊的是，我們要得到拯救脫離那混亂與荒謬的深淵，也就是我們屬世的自我。人(person)需要從個體(individual)中拯救出來。神自由的兒子必須得到拯救，不再做盲目順從幻想、激情和習俗的奴隸。內在神祕而富創意的我必須從那揮霍無度、愛好逸樂、只懂破壞的自我中釋放出來；自我所求的總是為自己塗脂抹粉、弄虛作假。

「失落」就是讓那必然會消散的如煙的我(smoke-self)——那非本質的自我(contigent ego)的任性與虛偽主宰一切。「得救」就是歸回自己神聖永恆的實在，並且住在神裏面。

◆ ◆ ◆

你們中間那個能夠進入自己內心而找到那位說出他來的神的，是一個怎樣的人呢？

「尋找神」的意思不僅是棄絕一切不是神的事物，並把心中一切意象和欲望倒空。

如果你真的能夠把每個意念、每個欲望都從思想中驅除，你或許真的已經退進自己的中心，將自己裏面的一切都集中於你幻想中那一點上面，就是你的生命從神湧流而出之處：然而，你仍然不會真的找到神。出乎本性的操練斷不能帶你進入與神有生命的接觸。除非祂在你裏面說出自己，在你心靈的中心說出自己的名字，否則你對神的認識不會多過一塊固定的石頭對自己躺在其上的泥土的認識。

◆ ◆ ◆

我們發現神，在某種程度上，其實是神發現我們。我們不能到天堂去找祂，因為我們沒法知道天堂在哪裏，或者天堂是怎樣的。祂從天上下來尋找我們。祂從自己無處不在、無限實在的深處察看我們；而祂看我們就給予我們一個新的存在和新的心意，而我們也在其中發現祂。我們能夠認識祂多少，就要看祂認識我們多少，而我們對神的默觀則是參與神對祂自己的默觀。

神在我們裏面發現祂自己的時候，我們就成為默觀者。

那一刻，我們與祂的接觸點向外打開，我們穿過自己的虛無，進入無限的實在，在那裏我們以真我的身分甦醒過來。

神在現存的一切中認出祂自己，這是真的。祂看見它們；而正因為祂看見它們，所以它們存在。因為祂愛它們，所以它們是好的。祂在它們裏面的愛就是它們內在本質的美善。祂在它們裏面看見的價值就是它們的價值。只要祂看見萬物、愛萬物，萬物就映照祂。

然而，雖然神透過祂的知識、祂的愛、祂的權能、祂的關顧存在於萬物之中，但萬物卻不一定體會祂、認識祂。祂將一份對自己的認識和愛無條件的賜予一些人，只有這些人才能夠認識和愛祂。

為求按著神的本性認識和愛祂，我們必須讓神以新的姿態居住在我們心內；不單以祂的創造能力，也以祂的憐憫；不單以祂的偉大，也以祂的微小——祂倒空自己，降到我們中間，在我們的虛空中被倒空，從而在祂的豐足中充滿我們。祂於在世的一生中履行種種超自然的使命，讓神彌合祂自己與那些被造去愛祂的靈之間那無盡的距離。天父居住在萬物的深處，也住在我心深處，把祂的聖道和祂的聖靈傳送給我。我接受了之後，就被吸引進祂自己的生命裏，在祂自己的大愛中認識祂，在祂的兒子裏與祂合而為一。

在這些使命中，我開始發現自己的身分，而這個發現也漸臻完全，因為我身分的祕密藏在神裏面，而神在這些使命中開始活在我裏面，不單是以我的創造主的身分，更是作為另一個和真正的我活著。*Vivo, iam non ego, vivit vero in me Christus*（現在活著的，不再是我，乃是基督在我裏面活著）。〔譯按：加二20〕

◆ ◆ ◆

雖然這些使命在洗禮時展開，但在我們的靈命裏卻未能發揮甚麼實際意義，直至我們能夠有意識地作出愛的行動。從那時起，神在我們裏面特殊的臨在與我們憑自己意思作出的抉擇就能相稱。從那時起，我們的生活便成了一連串選擇，揀選我們用虛幻激情和自私欲望餵養的假我所捏造的謊言，還是深情地領受神純然無償的憐憫。

神的旨意和憐憫在日常生活中「臨到」我、感染我的內心、喚醒我的信心，如果我也和應的話，我就能戮破那形成我慣常看世界和自己的視野的膚淺外表，並發覺自己正處於那隱藏的威嚴的臨在之中。我或許會覺得這威嚴和臨在是客觀的，「在我自己外面」的。事實上，早期的聖徒和先知曾在異象中**看見**這神聖的臨在，所見的是光、是天使、是人、是燃燒的火，或者是嗑嗒啪高舉的輝煌榮耀。只有這樣，他們的心思才能忠實地憶記他們所經歷的至高無上的實在。然而，這是個我們不能用眼**看見**的威嚴，而且全都在我們裏面。這威嚴是在我們心靈深處，天父賜予的聖道和聖靈的使命。這是神授予我們、與我們共享的威嚴，讓我們整個人都充滿神賜的榮耀，並以敬拜作回應。

這是神藉祕密使命向我們啟示的「神的憐憫」；祂將自己賜給我們，喚醒我們作為祂國度的兒女和後嗣的身分。這是我們心內的神的國度；我們每次唸「我們天上的父」這禱文時，就是祈求這個國度降臨。在憐憫與威嚴的啟示裏面，我們隱約由直覺知道自己的私人祕密，自己真正的身分。在我們向內住的屬天位格（Divine Persons）說「好！」那感恩的一刻，瞬間一閃，我們裏面的自我便甦醒過來。我們全心同意「接受」神的榮耀進入自己裏面時，才是真正的自己。因此，那個無條件地、歡歡喜喜地接受使命的我，就是我們的真我；而那使命就是神賜祂的兒女至高無上的禮物。任何其他的「我」都只是幻象而已。

只要我仍活在世上，我的思想和意志就或多或少會拒絕讓神的聖道和聖靈的使命滲透。我不會輕易接受祂的亮光。

即使我的本性本身是善良的，我本能的欲望的每一個動作都會想方設法使我裏面的幻覺不會死亡，而那幻覺與活在我心內的神的實在是敵對的。即使我本能的行動是善良的，但當它們都只是本能，它們就會傾向於將我的官能都專注在那個不是我也不可能是我的人、那個我裏面的假我、那個神不認識的人物身上。因為我是從自私中誕生的。我生來就以自我為中心。而這就是原罪。

即使是我想討神喜悅的時候，我也會傾向取悅自己的野心，亦即祂的敵人。即使是熱愛極致的完美，甚至渴慕德行、聖潔時，都會有不完全之處。甚至對默觀的渴慕也可以是不純潔的，倘若我們忘記了真正的默觀意味著摧毀一切的自私——最清純的貧窮和心靈的澄明。

◆ ◆ ◆

雖然神住在對祂毫無意識的人的靈魂裏，但是如果我從沒有認識祂或想到祂，從沒有對祂發生興趣或尋求祂或期望祂臨在心靈中，我又怎可以說我找到祂並發覺自己在祂裏面呢？向祂唸幾篇正式的禱文，然後掉轉頭把自己所有的心思意志都盡獻給受造之物，只求一些遠遠及不上祂的目標，那又有甚麼益處呢？雖然我的靈魂或許得以稱義，但是如果我的思想不屬於祂，那麼我也不會屬於祂。如果我的愛不是向著祂伸展，而是散播於祂的創造中，那是因為我已把祂在我裏面的生命貶低到一個只講形式的層次，不容許它以真正充滿活力的影響推動我。

神啊，求祢叫我的靈魂得以釋罪，但也從祢的泉源取火充滿我的意志。求祢照亮我的心思，雖然這或許意味著「我體驗的是幽暗」，但求祢以祢偉大的生命佔據我的心。不要讓我的眼睛看到世上的事物，只要看見祢的榮耀；也不要讓我的手觸摸不是為祢作工的事物。不要讓我的舌頭嚐到不能給我力量讚美祢極大的憐憫的飯食。

我會聽見祢的聲音，也會聽見祢所創造的一切和聲，高唱祢的詩歌。羊毛和田野的棉花會給我足夠的溫暖，以致我可以活在祢的事工中；我會將剩餘的送給祢的貧窮人。讓我使用萬物時，為的只有一個理由：在歸榮耀給祢之中找到我的喜樂。

因此求祢，最重要的是，保守我不犯罪。保守我，不讓我沾染天譴大罪的死亡，因為那罪將地獄放進我的心靈。保守我，不讓我遭那蒙蔽荼毒我心的欲望殺害。保守我脱離那些以不可抗拒的火蠶食人身直至將人吞沒的罪。保守我不要愛金錢，因為金錢裏面有仇恨。保守我不要存貪婪奢望的心，那會窒息我的生命。保守我不要作沽名釣譽、吃力不討好的工作；為此，藝術家因為驕傲、錢財、名聲而自毀，聖徒在自己排山倒海的迫切熱誠下透不過氣來。求祢為我裏面貪婪惡臭的傷口，和不斷流血、令我精力枯竭的欲望止血。求祢根絕那用毒藥刺傷愛、滅絕喜樂的陰險的嫉妒。

求祢解開綁著我雙手的結，幫助我的心脱離怠惰。求祢釋放我，讓我不再在不用做甚麼的時候到處假裝忙忙碌碌來隱藏自己的懶惰，不再為了逃避犧牲而做一些不須自己做的事去平服膽怯的心。

但是求祢賜我力量，靜默平和地等候祢。賜我謙和的心，因為只有在謙和之中才能找到休息。求祢將我從驕傲中釋放出來，因為驕傲是最重的擔子。求祢以愛的單純全然佔據我的心靈。佔據我整個生命，讓我一生思想和渴慕的都只是愛，以致我不為記功、不為達到完美、不為德行、不為聖潔，卻是單單是為了祢而愛。

因為只有一樣東西可以滿足愛，並帶來回報，那就是——祢。

因此，這就是完全地尋求神的意思：脫離幻覺和歡愉，脫離屬世的焦慮和欲望，脫離神不喜悅的工作，脫離只誇示人的榮譽；保守我的心思不致紊亂，好讓我的自由能常常任由祂的旨意差遣；我的心要容納靜默，並聆聽神的聲音；培養一種不受被造物的形像捆綁的思想自由，以便能夠獲得在隱藏的愛裏與神祕密的接觸；像愛自己一樣愛所有人；安於謙卑，也不與其他人衝突競爭，從而找到平安；避開爭論，放下論斷、審查、批判的重擔，以及一大堆我沒有義務背負的輿論包袱；擁有一種隨時隨地都願意把自己收起來的意志，並從心靈最深處支取所有心力，安然地靜靜期待神的來臨，安靜而毫不費力地專注於自己依靠神的那一點上面；聚合自己的一切，以及將所有自己可以忍受的、可以做到、可以成為的，全部都交給神，聽命於對神完全的愛、不憑眼見的信心、單純的信靠，行祂的旨意。

然後安靜地、虛己地、忘卻一切地等候。

Bonum est praestolari cum silentio salutare Dei（默默等候神的拯救實在是好的）。

第七章
合一與分裂

我必須停止做我一直以為自己想做的那個人，才能做回自己；我必須走出自我，才能找到自我；我必須死，才能夠活。

這是由於我是在自私自利中誕生，所以我自自然然會努力令自己更真實更自我，但是這只會令我更不真實和更不是自己，因為這些努力都是環繞著一套謊話轉來轉去。

◆ ◆ ◆

對神一無所知、生活以自我為中心的人，幻想著只有一條途徑能夠找到自我，就是與世上其他人鬥爭，堅持自己的渴求、野心、欲望。他們嘗試變得真實，所用方法是硬要別人接納自己，或擅取供應有限的受造物品，將那些物品據為己用，從而強調自己與其他擁有比自己少或一無所有的人之間的分別。

他們只能想出一個讓自己變得真實的途徑：割斷與其他人的聯繫，在自己與別人之間築起一道屏障，標榜自己與人的對比和差別。他們不曉得，真實必須在合一中尋，而不是往分裂中找，因為我們「互為肢體」。

活在分裂中的人不是一個人，只是一個「個體」。

我擁有你所沒有的。我是你所不是的，我取得你取不到的，我奪得你永遠得不到的。所以你吃虧但我快樂，你被人看不起但我得人稱讚，你死但我活；你人微言輕但我舉足輕重，而且因為你卑微，所以我更形重要。於是我一生都在欣賞細味你我之間的距離；有時甚至可以幫助我忘記另外一些人，他們擁有我所沒有的，他們得到我慢了一步而得不到的，他們奪得我伸手不及的，他們獲得我不配得的稱讚，而且他們以我的死維生……。

活在分裂中的人是活在死亡當中。他找不到自己，因為他迷失了；他不再實在。他相信自己是怎樣一個人，但那只是一個惡夢。他死的時候會發覺，他很久以前已經不存在，因為那位無限實在的、萬物在祂視線中存在的神會對他說：「我不認識你。」

◆ ◆ ◆

接著我想到的是屬靈驕傲這個病症。我想到那入侵聖徒心靈、蠶食他們還未成熟的聖潔的奇特幻想。在所有虔誠人心中，這條蟲都有一點份量。當他們做了一些他們知道是神眼中看為好的事，通常就會把那事的實在據為己有。他們傾向於聲稱那些德行是屬於自己的，並且以屬於神的道德價值作衣裳，穿在他們私下對自己所存的幻覺身上。有誰能逃避這個祕密的渴求，想呼吸一口與其他人不同的空氣？有誰可以行善而不求在善行中一嚐與世上一般罪人有別的甜蜜滋味？

當這病看起來真的很謙卑時，正是最危險的時候。驕傲的人自以為謙卑時，簡直是無可救藥。

這個人做了很多他的肉體難以接受的事。他身經百戰，作工不少，而且靠著神的恩典，他養成一種堅毅、自我犧牲的習慣，終於，勞動與受苦都變得輕省。他理應問心無愧了。但是，那與神聯合的意志所享有的清純平安，竟已不知不覺地變成一種戀慕自己的優越之自滿。

他遇到困難的工作卻又取得好成績時，心中的欣悅偷偷告訴他：「我是聖人。」與此同時，其他人似乎也認為他跟他們不一樣。他們仰慕他，或者避開他——罪人所表現的一種甜蜜敬意！那欣悅燃燒起來，漸漸變為噬人的烈火。那火的溫暖在感覺上與神的愛十分相似；燃料都同樣是那些助長愛的德行之火。他因自我崇拜而火熱，心想：「這是神的愛火。」

他以為自己的驕傲就是聖靈。

欣悅甜蜜的溫暖成為他一切工作的準則。那些令他在自己眼中變得可敬的行為叫他回味無窮，驅使他禁食、禱告、單獨隱居、寫許多書、興建醫院和教堂，或者創辦千百個機構。他得到想要的東西之後，還以為自己感受到的滿足就是聖靈的膏抹。

而欣悅的祕密聲音在他心裏歌唱：「*Non sum sicut caeteri homines*」(我跟其他人不一樣)。

他一踏上這條路，他的自滿便會驅使他無止境地奉神的名、神的愛和為了神的榮耀而作惡。他那麼喜悅自己，以致再也不能忍受別人的意見——或者上司的指令。若有人反對他的意願，他會謙虛地將雙手緊握，擺出暫時接受的樣子，但是心裏卻在說：「我被屬世的人逼迫。他們不能明白蒙神的靈引導的人。聖人一向都受到這樣的對待。」

成為殉道者之後，他變得比前固執十倍。

如果這種人幻想自己是先知，或是神的使者，或是身負改造世界的使命……，那將會是一件很可怕的事情。他有能力摧毀宗教，令人憎厭神的名字。

◆ ◆ ◆

我總得設法尋找自己的身分，不僅是在神裏面，也要在其他人裏面尋找。

如果我孤立自己遠離其他人，彷彿自己是另一種生物，我就永遠都不能找到自己。

第八章
獨處不是離羣

也許有些人以為只有避開其他人方能達到聖潔，所以成為隱士。然而，故意過獨處生活只有一個理由：堅信獨處不但能幫助你愛神，也能幫助你愛其他人。假如你進入沙漠只為避開那些你不喜歡的人，你就不會找到平安或獨處；你只是與羣魔一道遺世孤立。

人尋求合一，因為他擁有合一的神 (the One God) 的形像。合一包含獨處的意思，所以需要有肉體上的孤單。但是合一和獨處並不是形而上的孤立。為了讓自我中心和外在的我享受某種獨立而孤立自己的人絕對不會找到合一，因為他會分裂成多重互不相容的激情，最終變得混亂和完全不實在。獨處不是，也永不可能是，自我跟自己的自戀式對話。這種自我默觀企圖將有限的自己建立成無限的，令它永久獨立於所有其他人，結果都是徒然。而且這是瘋狂的行為。然而，請注意，那並不是只有獨處才會有的瘋狂行為——在那些以控制別人來表現自己獨特的優點的人中，這種瘋狂行為更為普遍。這也是較常見的罪。

對真正獨處的需求既複雜亦危險，卻又是一個實在的需要。今時今日這需要更形實在：集體意識愈來愈重，個人給吞進其無形無貌的團堆裏。今天我們總是想將「愛」等同「遵從」——被動地屈從於羣眾思想或機構。偏執的人枉費心機的反抗只有加強這個想法，他們希望能夠鶴立雞羣、與常人極端不同，於是為自己製造出一種新的無聊——一種飄忽不定而又預料不到的無聊。

真正的獨處是個人的家，虛假的獨處是個人主義者(individualist)匿藏之所。人隱含一種獨特的、賴以生存的愛的能力——透過一種激進的能力，能夠眷顧神所造和所愛的眾生。那種能力會因失去洞察力而被摧毀。缺乏某種獨處的元素，就不可能有慈心，因為當人迷失於社會機器的齒輪中時，便不再意識到人類的需要其實是個人的責任。人可以處身人羣中而避開別人！

進到沙漠去，不是要避開人，卻是為了想在神裏面找到他們。

肉身的獨處有其危險的地方，但我們不要誇大那些危險。現代人最大的試探並不在於肉體的獨處，而是在於沉浸在人羣當中；不是避到山上或沙漠去(但願更多人聽到這樣的呼喚！)，而是逃進人羣那浩瀚無形的不負責任的大海中。其實沒有甚麼獨處比失落在人羣中的人的獨處更危險；他不曉得自己其實是形單影隻，亦不能在社羣中好好的做人。他不去面對真正獨處的風險和責任，而與此同時，羣眾也解除了他肩負的所有其他責任。然而，他卻一點也不是了無牽掛的；他仍負著重擔：那瀰漫不散、無以名狀的焦慮與恐懼，叫人心癢難耐的零星欲念，以及如水充滿海洋一般充斥於羣體社會中那到處蔓延的敵意。

單單是生活在其他人中間並不能保證我們與這些人有親密的交流或甚至互傳信息。有誰比人羣中的人 (mass-man) 更少信息可傳呢？最多話要說的往往是隱士；不是他用字比人多，而是他所說的都是新鮮、實在、獨特的話，都是他肺腑之言。雖然話少，卻是言之有物，是他能夠與人分享的私人領受。他有實在的東西給人，因為他自己是實在的。

人擠成一堆地過活，儘管沒有真正互傳信息，看起來卻可以好像分享更多、交流更真。然而這並不是親密的交流，只是沉浸於無數重複又重複的口號與陳腔濫調所形成的一片無聊之中，以致最終人聽而不聽、沒有想過就回應。空洞的話與機械的噪音不絕喧嚷，擴音器無止境的發出隆隆巨響，務要弄到真正的交通與真實的交流幾乎變得不可能。羣眾中每個個體都被層層厚厚的冷漠隔離。他不關心、不聽、不想。他不會主動，只是被推動。他不說話，只在噪音刺激下相應地發出習慣性的聲音。他不思不想，只分泌陳腔濫調。

單是獨自生活不會使人孤立起來，單是一起生活也不會讓人產生親密的交流。共同生活若不是令人更像人便是令人不那麼像人，視乎所過的是真正的共同生活還是只不過活在人羣當中而已。人若要保住人性，就絕對必須過親密交流的生活、與他人真誠對話。但是如果在人羣中生活，卻與別人沒有甚麼分享，有的就是大眾的喧鬧和聲色犬馬，就會將人以最嚴重的方式孤立起來，以一種近乎無痛的方式把他與真實本相隔離。這種生活將他分隔出來，使他與別人、與自己的真我隔斷。在此，罪不在於堅信自己有別於其他人，而是在於相信人人一個模樣就足以遮蓋每一宗罪。讚賞自己優點的人那份自滿本來已經夠糟，但是比起不懂自重的人那份自滿還有點可觀之處，因為後者連值得尊重的表面的自我也沒有。他不是人，不是個體，只是一個原子。這種原子化的存在有時會因為被視為謙卑或自我犧牲而備受讚賞，有時又會被稱為順服，有時亦會被當作是熱衷於階級鬥爭的邏輯論證。它產生一種不是平安的平安，那只是一種逃避，躲開近在眉睫的衝突感覺。那平安不是來自愛，而是出於麻木。那不是源於自我認識和自我奉獻的平安，而是竄進逃避責任之窩而得到的苟安。

◆ ◆ ◆

除了內在的獨處便再也沒有真正的獨處。沒有人可以達到內在獨處，除非他接納自己與別人關係上的正確位置。如果人仍然幻想偶得的才幹、恩惠或美德可以令他有別於其他人，並騎在他們頭上，他就不可能有真正的平安。獨處不是離羣。

神不會單獨為了我們而將恩惠、才幹或美德賜給我們。我們互為肢體，其中一員所得的恩賜其實是賜予整體的。我洗腳不是要令腳比臉孔更漂亮。

聖人喜愛聖潔不是因為聖潔令他們與我們有別，並可以騎到我們頭上，卻反而是因為聖潔令他們更接近我們，並且在某程度上，令他們處於我們之下。他們獲得聖潔的恩賜，為的是讓他們可以幫助我們、服事我們——因為聖人有點像醫生護士，他們比病人好的意思是他們健康，並且擁有醫治病人的技能，然而，他們甘願做病人的僕人，將自己的健康和技能獻給他們。

聖人之所以是聖人，不是因為他們的聖潔使他們備受尊崇，卻是**因為成聖的恩賜**(gift of sainthood)**讓他們可以尊崇其他人**。成聖的恩賜讓他們擁有一種清晰的慈憐，使他們可以在最壞的罪犯身上看到良善之處。成聖的恩賜釋放他們，讓他們不再背負論斷別人、定別人罪的重擔。成聖的恩賜教導他們以慈憐、恩惠、寬恕去將別人的善揭示出來。人之成為聖人不是因為他堅信自己比罪人好，卻是因為他明白自己也是一個罪人，而所有人都同樣需要神的憐憫！

◆ ◆ ◆

最大的自由是在謙卑裏面。只要你務要保衛那你認為是重要的假想的自我 (imaginary self)，你便會失去心中的平安。只要你將那影子與別人的影子作比較，你便會立刻失去一切喜樂，因為你已經開始換取虛幻，而不存在的東西是不能帶來喜樂的。

你一旦開始自以為是，幻想自己的德行有多重要——因為它們是你的——你便成為自己虛榮心的囚奴，甚至你自己最好的善行也會蒙蔽你、欺騙你。然後，為了維護自己，你會開始在別人的行為上處處見到罪過和錯誤。你愈是不合理地認為自己及自己的善行重要，你便愈多責備別人，好能增強你對自己既有的觀感。有時君子也是怨憤和不快樂的，因為他們下意識地相信，自己所有的快樂都繫於他們是否比別人更有君子風度。

如果人謙卑下來，他就不再依附自己的善行和名聲，他會發覺只有當我們完全忘記自己時，才有可能得到完全的喜樂。只有當我們不再留意自己的成就、自己的名聲、自己的長處的那一刻，我們才終於能夠完完全全，只為神的緣故，絕對自由地事奉神。

◆ ◆ ◆

人的心靈若不是一無所有、貧窮空虛、赤露敞開，他就會下意識地為自己而做他要做的工作，而不是為神的榮耀去做。他保持高尚的品德，不是因為他喜愛神的旨意，卻是因為他想欣賞自己的德行。但是日常的每一個時刻都會帶給他點點挫敗，令他憤懣不耐煩，而在他不耐煩之際，他便會被人發現。

他計劃做大事。他心目中的自己頭上不可能沒有光環。但當日常生活發生的事一再提醒他，自己是一個微不足道、平平庸庸的人時，他便會覺得羞慚，他的驕傲不容許他吞下一個但凡頭腦清醒的人都不會感到驚訝的真相。

甚至專業神職人員——有時尤其是神職人員——也會為互相爭競而浪費時間，所得到的也只是痛苦。

耶穌不止一次要出言責備祂的使徒，因為他們互相爭論，爭奪神國裏的首位。其中兩人，雅各和約翰，密謀要在天國坐在耶穌兩旁。在聖徒的生平中，屢見他們意見不合，這並不出奇。彼得不一定同意保羅的見解，內里 (Philip Neri；編註：1515~1595，意大利神職人員，天主教神祕主義者，奧拉托利創始人) 與博羅梅奧 (Charles Borromeo；編註：1538~1584，樞機主教，意大利反宗教改革運動的重要人物。) 亦然。有時非常聖潔的人也可以是非常惹人生氣、很難相處的。如果你不相信我，也許是因為你以為聖人永遠都是完美的，從不會有甚麼要對付的弱點。但是有時即或人已經達到高度聖潔，神仍容許他保留某些缺陷瑕疵、盲點怪癖，而因為這一切，他們自己或別人都一直沒有發現他們的聖潔。如果所有聖人的聖潔一直都是一目了然的話，他們就永不會因同住的人給他們的試煉、批評、侮辱、反對而得到磨煉、完善。

你要甘於接受自己仍未成為聖人，雖然你知道成聖是惟一值得為之而活的事。這樣你就會甘心讓神藉著你不能明白的途徑帶領你達到成聖。你會在黑暗中前行，不再處處想著自己，也不再與別人比較。那些曾經此途的人最後發現每樣東西都有其聖潔之處，而神就在它們四周。他們放棄一切與別人競爭的念頭之後，突然醒悟過來，發覺到處都是神的喜悅，並能夠為別人的善行美德而歡騰，更甚於為自己的善行美德。與他們同住的人的心靈映照神，叫他們為之目眩，以致他們再也沒有能力責備自己在別人身上看到的不是。即使是最可惡的罪人，他們都能夠在他身上看見無人能發現的善與德。至於他們自己，如果他們仍會想到自己的話，他們不敢再拿自己與別人比較。這個念頭變得難以想像。然而，這不再是苦惱與哀嘆的來源：他們終於到了一個地步，視自己的微不足道為理所當然的事。他們不再關心外在的自己。

◆ ◆ ◆

若說我是按著神的形像而造的，就是說愛是我存在的因由，因為神就是愛。

愛是我真正的身分。忘我無私是我的真我。愛是我的真正性格。愛是我的名字。

因此，倘若我做的、想的、說的或知道的，不純然是為了愛神，就不能給我平安、安息、滿足或喜樂。

如果要找到愛，我就必須進到聖所；那是隱藏的，是神的奧祕。若要進到祂的聖潔，我就必須成為聖潔，正如祂是聖潔一樣；我也必須成為完全，正如祂是完全一樣。

我又怎敢興起這種念頭呢？這豈不是瘋狂？如果我自以為知道神的聖潔和完全本身是甚麼，如果我以為有方法可以鍛練自己模仿神的聖潔和完美，那就肯定是瘋狂。因此，我首先必須了解，神的聖潔於我，以至所有人，都是絕對不可思議、高深莫測、超過任何最高境界的完美的概念、超越任何人類相關的表述。

因此，如果我要成為「聖潔」，我就必須成為一個我不明白、神祕、隱藏、看來自相矛盾的人；因為神在基督裏「倒空自己」。祂成為人，住在罪人中間。祂被視為罪人。祂被處死是因為別人當祂是褻瀆神的人，至少是暗示否認神的人，是背叛神的聖潔的人。實際上，審判基督、定基督罪的那條關鍵問題正正是否認神和否定祂的聖潔。神自己被釘死在十字架上，為祂達不到人們對祂的聖潔所抱的觀念……。祂不夠聖潔，祂的聖潔不夠正統，祂的聖潔不符合他們傳統上的期望。因此祂完全不是神。事實上，祂甚至被自己離棄。好像是聖父不認聖子，好像是神的大能和憐憫都完全失敗了。

基督死在十架上，表明了神的聖潔，但看來似乎自相矛盾。事實上，這次的表明完全否定和拒斥人類對聖潔和完全所抱的觀念。神的智慧在人看來是愚拙，祂的大能自顯為軟弱，祂的聖潔在他們眼中是邪惡。然而聖經說：「……人所尊貴的，是神看為可憎惡的。」〔譯按：路十六15〕神又對人說：「我的意念高過你的意念。」〔譯按：賽五十五8〕

因此，如果我們想尋求聖潔之途，就先要放棄自己的方法和智慧。我們必須像神一樣「倒空自己」。我們必須「捨己」，在某程度上令自己「一無所有」，才能活在祂裏面，而不是活在自己裏面。我們必須憑藉一種好像不存在的能力和亮光而活。我們必須憑藉一種明顯的空的力量而活；那空總是真正的空，卻又時刻支持著我們，永不落空。

這就是聖潔。

我自己努力，自己力爭，與其他人競賽，都不能達到上面所談的。意思即是要離開一切人能夠跟隨或明白的道路。

我是沒有愛的人，所以不能成為愛，除非愛 (Love)

本身與我認同。但是如果祂差派自己的愛(Love)，祂自己，在我裏面和在我所做的一切裏面行動和愛，那麼我就會被改變，我會發現自己是誰，並會因我在祂裏面失去自己而擁有自己的真正身分。

那就是所謂的聖潔了。

第九章
萬眾一人

神祕生活其中一個悖謬之處是：**人不能進入自己內心最深的核心，並穿過該核心而進到神裏面，除非他能夠完全脫離自己、倒空自己，並心存純全無私的愛把自己奉獻給別人。**

因此，默觀生活一個最惡劣的幻想，就是以為在心靈中築起圍欄關起自己、以徹底的專注和意志力把一切外在現實摒諸門外、像烏龜一樣把自己塞進思維裏面、關上大門、使自己與世界和其他人隔絕，就可以找到神。

幸好作此嘗試的人大多失敗而回。因為自我催眠正正與默觀相反。當神以祂的光和祂不熄的火進佔我們所有官能的時候，我們就進到擁有神的境界。我們不能「擁有」祂，除非祂完全擁有我們。然而這種麻痺自己的思想、把自己與一切生物隔離的玩意，只會令你變得死氣沉沉、了無生趣。火又怎能佔有凍僵之物呢？

◆ ◆ ◆

我愈是與神認同，就愈能認同其他一切與神認同之人。祂的愛會活在我們裏面。祂的靈會是我們合一的生命(One Life)——我們所有人的生命(Life)和神的生命(Life)。我們就會以神愛我們和愛自己的同一種愛(Love)彼此相愛和愛神。這愛就是神自己。

基督祈求所有人都能合而為一，像祂與天父在聖靈的合一裏面合而為一。因此，當你我成為我們真正應該成為的人時，就會發現我們不但完完全全的彼此相愛，而且大家都活在基督裏面，基督也活在我們裏面，而大家都是一個基督(One Christ)。我們會看到是祂在我們裏面愛人。

默觀生活最終極的完美境界並不是不同的獨立個體的天堂，人人各自觀看著自己私下對神的直覺；卻是愛的海洋，在所有蒙揀選的及所有天使與聖徒合成的一體(One Body)內漫過；而且，倘若他們的默觀不是共享的，或者只是與較少的人分享，又或者只是與洞見及喜樂都較低的靈分享，他們的默觀都會變得不完全。

如果有你與我共享的話，我在天堂與在默觀神之中便會得到更多的喜樂；如果我們有更多人分享的話，大家的喜樂也會更大。因為除非有人共享，否則默觀最終不會達到完全。直等到我們共享神榮耀的無限恩賜、在天堂處處湧流透射榮光、在所有同處天家的人裏面見到神、知道祂是我們所有人的生命、在祂裏面合而為一，那時，我們才終於可以嚐透神的榮耀的大喜樂。

即使在地上也是與天堂無異，只是朦朧不顯罷了。

除了在信心的幽暗之中以外，我們還未能實現和享受這個合一。然而即使在世上，我們愈是與神合一，就愈能夠彼此合一；默觀的靜默是深沉、豐富、無盡的交往，不僅是與神交往，更是與人交往。默觀者本身並不是與世隔絕，卻因他心裏謙卑純潔而從他外在、以自我為中心的我中釋放出來——所以再也沒有甚麼嚴重的障礙，攔阻他單純謙柔地愛別人。

我們愈多與神單獨相處，與別人相交就愈深，雖是隱而不露，卻是人數眾多。我們愈多在工作、活動和交通上，依照神的旨意和愛彼此伸出友誼之手，在祂裏面就愈見人數加增，但卻又是在獨處之中。

我們愈多單獨一人，就愈多一起；我們愈多交往——真正是愛的交往而不是城市和羣眾式的交往——我們就愈多單獨與神在一起。因為在我的心靈裏，也在你的心靈中，我找到同一位基督。祂是我們的生命，祂在我們的愛裏找到自己，而我們一起就都找到樂園，就是在聖靈的位格裏分享基督對聖父的愛。

藉著這一條途徑，我的真性情將最能夠在神祕的基督裏得以成全。透過我，基督與祂的靈就可以愛你、愛所有人、愛父神，而那種愛的方式是不可能發生在別人身上的。

愛出於神，並且招聚我們到神那裏去，好能透過我們把自己傾進神裏面，並順著祂自己無邊憐憫的潮水，把我們全都帶到祂那裏去。

因此我們都成為門窗，讓神的光透過我們照回自己家裏。

神的愛在我裏面時，神就能夠透過我愛你，而你也能夠透過我愛神。如果我的心靈向那份愛關起門戶，神對你的愛、你對神的愛、神在你我裏面對祂自己的愛，都得不到那份只能透過我、而不能藉著其他人，才找得到的獨特表達。

因為神的愛在我裏面，那份愛就能夠從一個不同的、特殊的方向臨到你，而倘若神不是活在我裏面，那方向就會是關閉的。因為神的愛在你裏面，那份愛就可以從某處臨到我，而倘若神不在你裏面，愛就不會從那處出來。因為神的愛在我們兩人裏面，神就得到更大的榮耀。祂的愛有多兩條途徑表達出來，是在其他情況下不會發生的；即是說，祂的愛有多兩份喜樂表達出來，而倘若沒有祂，那兩份喜樂就不可能存在。

◆ ◆ ◆

讓我們活在這愛和這快樂中，你、我、我們所有人，活在基督的愛和默觀中，因為在其中我們找到自己與彼此的真正本相。只有在這愛裏我們最終才能變得實在。因為在這愛裏我們最能真正共享三位一體的神的生命。

三位一體的神在彼此依存的關係中，無限度地超越了自私自利的每一個陰影。因為獨一的神(One God)在本質上並不分別單獨存在，祂以聖父聖子聖靈的身分存在。這三位是一體的，但是在三位一體以外，神並不也以一位而存在。祂不是三位**加**一個本質，成了四位！祂是三位，但是一神。祂同時是無止境的獨處(一個本質)，又是完全的團體(三個位格)。一個無限的愛存在於三個彼此依存的關係中。

那以三個位格而存在的一神，是一個關係的循環，在其中祂無限的實在，愛，從來都是一模一樣的，一直都在更新，永遠完美徹底，永遠有始無終，絕對、永存、圓滿。

在聖父裏面，神無限的愛永遠都在展開；在聖子裏面，那愛永遠圓滿；在聖靈裏面，那愛是完美的，不斷更新，一直靜靜地靠在其永恆的源頭裏。但假如你跟著愛在位格與位格之間徘徊，你永遠不能追蹤它到一個停定點，永遠不能逼它到死角、握住它、把它釘在三個位格中的一位身上，好像祂能夠把另一位的愛果據為己有。因為三位一體的一愛(One Love)是無限慷慨地付出自己，是永不止息、永不能被奪取的，卻是永遠完全地付出，只為了可以完全地共享才接受。

因為神的愛並不以一個能夠止截和吸收這愛、自給自足的**自我**為終點，所以神的生命與快樂是絕對的無限、完全、源源不絕。因此，在神裏面不能存有自私，因為神的三個自我(Three Selves of God)是三個彼此依存的關係，這關係是無私的，為著他們合一生命的恩賜而洋溢著、湧流著喜樂。

神的內在生命是完全的默觀。我們的喜樂和生命注定除了參與祂們的生命之外，就一無所有。在祂們裏面，我們終有一天會全然住在神裏面，也住在彼此裏面，就好像神的三個位格彼此內住一樣。

第十章
骨折之體

你我和所有人受造，是要在獨一神祕的基督 (One Mystical Christ) 裏面尋找自己的身分，而我們在祂裏面彼此成全，「得以長大成人，滿有基督長成的身量。」〔譯按：弗四13〕

當我們的愛達到完全，就是默觀榮耀的神之時，我們不可分割的人格，雖然保持永恆的獨特，卻會合拼為一，以致我們每一個人都會在所有其他人身上找到自己，而神將會是所有人的生命和實在。*Omnia in omnibus Deus* (神是一切，也在一切裏面)。

神是烈火。只有祂能夠將我們像精金一樣煉淨，將我們從自私的個人特徵的熔渣雜質中分別出來，然後將我們熔合起來，成為這完全合一的統一體，永遠映照祂自己三位一體的生命。

只要我們不容許祂的愛完全熔化我們、使我們在祂裏面合而為一，我們裏面的金子就會被那些分隔著我們的石頭泥土所隱藏。

只要我們不被神的愛淨化，在純全的聖潔中轉化成祂的樣式，我們就會仍然彼此分開、彼此為敵，而我們之間的結連就會是危險痛苦的事，充滿勞苦愁煩，欠缺長久的內聚力。

◆ ◆ ◆

在整個世界裏，歷世歷代中，甚至在虔誠人和聖人中間，基督都要受肢解之苦。

祂的肉身被彼拉多和法利賽人釘死在十字架上；祂的神祕身體在我們不和所致的痛苦之中被鬼魔一代一代的拉扯得四分五裂，那不和在我們那老是自私自利和犯罪的心靈中滋生長大。

世上處處可見人的貪婪與欲念在人間不斷滋生分裂，那些將人從彼此合一之中分離的傷口逐漸擴大，爆發為大戰。謀殺、屠殺、革命、仇恨、對人身體與靈魂的殺戮折磨、焚城、數以百萬計的人挨餓、整族人整族人遭滅絕，最後，殘酷無情慘絕人寰的核子戰爭：基督在祂的肢體裏被屠殺、肢解；神在人中遭謀殺。

世界歷史充斥著城市、國家與人民實質的毀滅，顯露那壓制所有人的心靈——甚至是聖人的心靈——的內在分裂。

甚至是清白無辜的人，甚至是基督以仁愛內住的人，甚至是那些全心想彼此相愛的人，一直都是分隔疏離的。雖然他們在祂裏面已經是一體，但他們的合一對他們是隱藏的，因為那份合一仍只佔有他們心靈隱祕的實質而已。

但是他們的思想、判斷、欲望，他們的人性與官能，他們的愛好與理想，全都囚禁在逃避不了的自高自大的熔渣裏；而純潔的愛還未能煉淨這份自負。

只要我們還活在世上，聯合我們的愛就會在我們彼此接觸時帶來痛苦，因為這愛要把斷了骨的身體重新接駁好。甚至聖人也不能在世上相處而不為彼此之間的不同意見感到有點苦惱和痛苦。

對於與別人不和一事，人們可以有兩個反應。他們可以愛，也可以恨。

重新接駁骨頭的代價是犧牲與哀愁，但恨叫人退縮、不肯付代價。恨拒絕接受復合的痛楚。

人類中每一個軟弱、失落、孤立的成員心裏都有一股恨的痛楚，是由他自己的孤立無助產生的。恨是寂寞、不配、不足的表徵和表現。只要我們每個人都是寂寞和不配，每個人就都恨自己。我們有些人意識到這種自恨，並因此而不必要地責備和懲罰自己。懲罰不能醫好不配的感覺。只要我們覺得自己孤立、不足、無助、孤單，我們便會一籌莫展。另一些人雖然不那麼留意自己的自恨，卻會將自恨投射到別人身上，以不同的形式表達出來。有一種驕傲而自信的恨，既強勁又殘忍，因為那是外向的，專門針對別人的不配，從而享受恨中之樂。但是這強勁而快樂的恨並不曉得，像一切的恨，它毀滅吞噬的是懷恨的人自己，而不是他懷恨的對象。任何形式的恨都是自毀，即使恨在肉體上得勝，其實也只是在為自己屬靈的滅亡中奏凱歌。

強烈的恨，那在憎恨中得到喜悅的恨，它之所以強烈，是因為它不相信自己是不配和孤單的。它感到自己得著一位釋罪的上帝、戰爭的偶像、復仇毀滅的靈支持。但是人類早已從這類嗜血神衹的鉗制中得著解放，代價是一位神的死；這位神歷盡極大勞苦與悲傷，祂可憐他們，所以將自己送上十字架，在自己所造的人手上蒙受病態的虐待。祂征服了死亡，開了他們的眼睛，讓他們看見一種愛的實在；這種愛不問配或不配，這種愛克服憎恨、毀滅死亡。可是如今人們拒絕了神恕罪的啟示，繼而回到古老的戰神，那些貪吸人血、貪吃人肉而無饜足的神那裏。服事那些恨之神 (hate-gods) 是比較容易的，因為他們靠集體盲信的敬拜而興盛。要服事恨之神，只需要被集體狂熱所蒙蔽。要服事愛的神，卻必須自由，必須面對一個重大的責任，要決心去愛，**不理會一切的不配**，不管那是自己還是鄰舍心內的不配。

一切恨的根源都是那份壓在心頭、切膚之痛的不配感。能夠痛恨別人而又心安理得的人，自滿地無視自己一切的不配，並且可以清晰地在別人身上看到自己的一切毛病。但是知道自己的不配和弟兄的不配的人，就會受到一種更微妙、更磨人的恨誘惑：那種對一切人和一切事廣泛、炙熱、噁心的恨，因為凡物都沾染了不配，凡物都不潔，凡物都被罪弄得污濁惡臭。這種軟弱的恨其實是軟弱的愛。不能愛的人會感到不配，而且同時總覺得**沒有人**配。或許他不能感受愛是因為他以為自己不配得到愛，並因此以為沒有甚麼人配得到愛。

抗衡恨的初階、基督徒對恨的基本答案，不是愛的誡命，而是一個不可或缺的前奏，使那誡命變得能夠承受和理解。那是先設的誡命，就是要**相信**。基督徒的愛不是源於愛的意志，卻是源於**相信人是得到愛的**。相信人是**得到神愛的**。相信人雖然不配——或倒不如說，不管人的價值有多少——卻仍得到神的愛！

對於神的愛，從真正的基督徒觀點來看，配與不配已不再重要。神的憐憫的啟示令整個配與不配的問題變得有點可笑：我們發覺配與不配其實意義不大(因為從來沒有人能夠單靠自己而全然配得這種愛的眷愛)，於是人的靈也真正得著釋放。直等到人有這個發現，直等到神的憐憫帶來這種釋放，人仍然被恨所禁錮。

人道主義式的愛也不管用。只要我們相信自己沒有恨任何人，相信自己滿有憐憫、本性仁慈，我們就是自欺；我們的恨只是在自滿地樂觀的灰燼之中慢慢燃燒。表面上我們與甚麼人都能和睦共處，因為我們認為自己配得。即是說我們已經完全失去了面對不配的問題的能力。但是我們一旦被神的憐憫釋放，那個問題便不再有意義。

恨企圖以殲滅那些不與我們聯合的人來整治不和。恨藉著排除自己以外的所有人來達到和平。

然而愛接納復合的痛苦，從而開始治療一切創傷。

◆ ◆ ◆

倘若你想知道人生中「神的旨意」是甚麼意思，這兒有一個好好了解神旨意的方法。「神的旨意」肯定在任何要求我們在愛中彼此合一的事物中。你喜歡的話，可以稱這為自然規律的基本原則，就是我們想別人怎樣待我們、就應該怎樣待別人，亦即是己所不欲、勿施於人。換句話說，自然規律只不過是我們要確認每個人都跟我們一樣，都有相同的本質、相同的需要、相同的權利、相同的命運。一切自然規律最簡潔的總結是：將人當作人來看待。行事為人不是只當自己是人，卻視其他人為野獸或家具。

為了讓我能夠實際地把別人當人看待，對我的所有要求是「神在自然規律之下為我定的旨意」。不管我是否滿意這個方程式，如果我老是違抗這個基本原則，便顯明我不能真正過人的生活。

但是除非我對別人有慈憐之心，否則我不能把別人當作人看待。我必須最少有足夠的慈憐，了解到他們受苦時的感覺，與我受苦時的感受有點相似。倘若為了某些原因，我沒有即時感受到這種對別人的同情，那麼神的旨意就是，我應盡力學習怎樣有這種同情心。

我要學習與別人同歡樂、共患難，共同肩負他們的思想、需要、渴望。我要學習不僅和那些與我屬同一階層、有相同職業、屬同一種族、有相同國籍的人分享分擔；若受苦的人屬於另一組別，甚至是敵對的組別，我仍然要這樣做。如果我這樣做，就是服從神。如果我不肯這樣做，就是違抗神。因此，這不是任由人率性而行的事。

既然這是神對每一個人的旨意，既然任何不同意神的旨意的人都不會獲得默觀的恩賜，因此那些不嘗試對別人培養一份慈憐心的人根本不可能默觀。

基督教並不僅是一套教義或一個信仰系統，而是基督活在我們裏面，在祂自己生命與合一之中把人與人連結起來。「我在他們裏面，天父，你在我裏面，使他們完完全全的合而為一……。你所賜給我的榮耀，我已賜給他們，使他們合而為一，像我們合而為一。」〔譯按：約十七23～22〕*In hoc cognoscent omnes quia mei estis discipuli, si dilectionem habueritis ad invicem*（你們若有彼此相愛的心，眾人因此就認出你們是我的門徒了。）。〔譯按：約十三35〕

「沒有愛心的，仍住在死中。」〔譯按：約壹三14〕

◆ ◆ ◆

如果你視默觀主要是逃避人生苦難的方法、是退出竭力在基督的愛裏復合的煩惱和痛苦的途徑，你就不知道默觀是甚麼，你也永不會在默觀之中找到神。因為我們正正是在與基督裏的弟兄復合之中發現神、認識神，那樣祂的生命就開始刺透我們的靈魂，祂的愛也佔有我們的官能，而我們因經歷祂的憐憫而得以發現祂是誰，並且從自私自利的籠牢中得到釋放。

◆ ◆ ◆

只有一個真正避世的途徑；不是逃避衝突、煩惱、痛苦，卻是避過不和、分裂，奔向仁愛中與別人的合一與和平。

那個基督不會為之禱告、說祂的門徒居於其中卻不屬於它的「世界」，究竟是甚麼？世界是那個不安靜的城市，屬於那些為自己而活的人；他們為自己而活，所以彼此敵對，而他們的爭鬥是永無止境的，因為要在地獄永恆地繼續下去。那城市的人為了擁有那些有限的東西、為了獨佔那些不是人人能夠分享的商品娛樂，而鬥個你死我活。

然而，假如你以為只要離開這個城市、隱藏於獨處之中，便能逃避這個世界，你就只會將這個城市帶進獨處中；然而你也可以留在世界中，而又完全脫離世界，只要你讓神把你從自己的自私自利中完全釋放出來，只要你單單為了愛而活。

脫離世界其實不過是脫離自私自利的心。人如果帶著自私的心私下將自己關起來，就是將自己置於一個境地，不是讓心裏的惡像鬼魔一樣佔有他，便是讓心裏的惡把他逼瘋。

因此，僅僅為了喜歡獨個兒生活而進入獨處是一件危險的事。

第十一章
學習獨處

身體的獨處、外在的靜默、真實的靈修默想，全都是想過默觀生活的人確實必須有的。但是正如造物界中的一切，這些都不過是達到目的的方法，倘若我們不明白目的是甚麼，就會誤用手段。

我們進到沙漠去，為的不是避開人，而是學習怎樣尋找人；我們離開人，不是為著不要再跟他們有甚麼轇轕，而是要找出給他們最大貢獻的方法。不過這只是次要的目的。

涵蓋所有目的者，其實是神的愛。

人的言行怎麼顯得獨處好像對內在生命毫不重要的呢？只有那些從未經歷過真正獨處的人才會膚淺地宣稱獨處「毫不相干」、只有心靈的獨處才真是要緊！一種獨處定必引到另一種獨處！

然而，最真實的獨處並不是外在的，不是周圍沒有人或沒有聲音；獨處是在自己心靈當中一個敞開的深淵。

而這內在獨處的深淵是一種任何受造物都不可能滿足的渴求。

尋求獨處的惟一途徑是饑渴、愁貧、渴慕，而尋著獨處的人是空空的，好像已經被死亡掏空了一般。

他已進步到超越一切視野。再沒有甚麼方向可供他上路。這國土處處都是中心，卻又無邊無界。僕僕風塵不會得見它，但站定了就可尋見。

但是，最深層的活動卻是在這種寂寞中展開。在此你發現不動而行、極閑之勞、朦朧中得見，以及超越一切渴望的、邊際直達永恆的滿足。

雖然這種獨處真的是無處不在，但是又確實有一個尋求獨處的途徑，所指的是實際空間、地理、遠離人煙。

最少要有一個房間，或者一個角落，沒有人會找到你、打擾你或留意到你。你應能夠鬆開世俗的束縛，釋放自己；鬆開一切張力的幼絲細線；那些絲線藉眼所見、耳所聞、腦所想的，將你與身旁的人拴在一起。

「你禱告的時候，要進你的內屋，關上門，禱告你在暗中的父……。」〔譯按：太六6〕

你一旦找到這麼一處地方，就要以它為滿足；有甚麼好理由拉你出來也不要受到騷擾。喜愛這個地方，盡快回到那裏，也不要太急於轉換地方。

有時城市裏的教堂是安靜平和的獨處之所，是靜默的洞穴，讓人可以在其中找到藏身之處，避開商界令人難以忍受的傲慢。有時人在教堂裏可以比在家中房間裏更能孤獨自處。在家裏，人總可以被人叫喚出來、受到打擾(人不應為此而抱怨，因為有時愛要求這樣做)。然而，在這些安靜的教堂裏，人保持無名無聲，在陰影中不受打擾；陰影下，只有守夜燭光掩映間偶現的三數不知名陌生客，以及姿勢古怪、不似人形的劣等雕像。有些教堂毫無品味、破破爛爛，使它們更加適合獨處；雖然，教堂不應該庸俗邋遢。即或教堂庸俗邋遢，只要是暗暗沉沉，也沒有甚麼大分別。

希望永遠都有一些安靜幽暗的教堂，可以讓人作藏身之處，可以讓他們默默跪下。神的屋宇，充滿祂默默的臨在。在那兒，即使他們不曉得怎樣禱告，最少也可以靜下來，鬆弛一下。希望有這麼一處地方，可以讓你自然地、安靜地呼吸，而不是要不斷急促地喘氣。一處地方，讓你的腦袋可以閒下來，忘記牽掛，下降到靜默無聲之中，暗暗地敬拜天父。

沒有隱密的地方就不可能有默觀。

我們說過，對默觀者最重要的獨處，首先是一件內在和屬靈的事。我們也曾承認，即使在俗世及其混亂中，仍然有可能過深入、平和的內在獨處生活。但是這個道理有時在宗教裏卻被濫用了。有些獻身予神的人，生活充滿紛擾不寧，他們其實一點也不想獨自一人。他們承認，理論上，外在的獨處是有益的，但是他們堅持，一面住在人羣中，一面保持內在的獨處會好得多。實際上，他們的生活被活動吞噬、被附屬物扼殺。他們不可能有內在的獨處。他們害怕。他們盡己所能逃避。更糟的是，他們努力把其他人都引進活動之中，而那些活動一如他們自己的活動一樣無意義、一樣把人吞噬。他們是無益的工作的最佳推銷員。他們熱愛組織集會、宴會、會議、演講會。他們印傳單、寫信、講數小時電話，好能夠聚集一百人到一個大房間，將那裏弄得煙霧瀰漫、聲音震天，又彼此呼喊、大力拍掌，最後，互拍肩膊，肯定大家已經為傳揚神國而做了大事，然後大搖大擺地回家。

第十二章
純潔的心

你存在於時間和俗世中，便有種種欲望、憂煩、依戀，除非你特意將自己從這一切釋放出來，不然就永不會找到內在的獨處。

盡你所能避開人的聲音和事務。盡量遠離他們集結的地方，在那裏他們互相哄騙侮辱，彼此剝削取笑，裝出友好的姿態挖苦對方。假如你能夠保持不被納入他們的廣播範圍，你應感到高興。不要理會他們荒謬的歌曲。不要看他們的廣告。

固然，默觀者的生活並不要求人自義地蔑視一般人的習慣和消遣。不過，凡是在獨處中尋求釋放與亮光的人，凡是尋求屬靈自由的人，沒有一個能夠被動地順從一班推銷員、廣告商、消費者的種種呼喚而仍能全身而退。無疑，在人的層面過活而不講求某些正當的歡娛是不可能的。但若說所有衝著我們而來、裝成是必須的歡娛如今都是「正當的」，卻又是另一回事。

◆ ◆ ◆

自然的歡娛是一回事；不自然的歡娛，被一名死乞白賴、糾纏不休的推銷員強推到頭昏腦脹，又是另一回事。

沒有人能過完全明智莊重的生活，除非他在必要時能夠對自然的肉欲說「不」；我們應以此為一個最基本的人性和道德真理。凡覺得想飲想食便吃喝的人，凡有燃點香煙的衝動便抽煙的人，凡受到誘激便縱欲、滿足自己好奇心的人，他們之中沒有一個能夠認為自己是個自由人。他已放棄了自己的屬靈自由，成為肉體衝動的奴僕。因此，他的思想和意志都不完全屬於他自己；都被他自己的欲望控制了。而透過他的欲望這個媒介，他的思想和意志就服膺在那些滿足他欲望的人的股掌中。只因為他可以選擇購買這個牌子的白蘭地酒而不買另一個牌子，他便自欺地以為自己正在作出抉擇；但事實上他是熱切地奉行著一個專制的儀式。他必須恭恭敬敬的買下那瓶酒，帶回家去，打開它，為朋友們斟酒，看電視，「感覺良好」，喋喋不休、胡言亂語，發起脾氣，大叫大喊，爭吵打架，然後滿肚子氣的上床去，憎恨自己、憎恨全世界。這成為一種難以抗拒的宗教式衝動，沒有這衝動，他就不能確定自己真的活著，真的「正在實現自己的個性」。他不是「在犯罪」，只不過是犯賤，欺哄自己是真實的，而他那難以抗拒的衝動卻已把他貶為一個真正的人的影子。

一般來說，沒有禁欲的自律，就不可能過默觀生活。人必須學習怎樣沒有奢侈品仍能生存；那些奢侈品叫人上癮，今天已是那樣緊緊的抓住人不放。我不是說作默觀者就要絕對不煙不酒，而是若要抽煙喝酒，就必定要能夠不受一股對煙酒不加控制的需要所操縱。無疑，不煙不酒顯然是捨己的基本功夫，否則禱告生活也只不過是空中樓閣而已。

我肯定無權判斷電視，因為我從不看電視。我只知道，有些人的判斷是我所尊重的，而在他們中已有足夠的一致意見，認為商業電視下流、俗不可耐、荒謬。誠然，電視看來可以成為一種代替默觀的非自然物：一種對庸俗的影像完全惰性的臣服，一種降到次自然的被動（sub-natural passivity）， 而不是在了解與愛中朝著極度積極的被動攀升。看來每個期望正視內在生活的人看電視時都應極其小心、明辨是非 。

保持眼睛清潔、耳朵安靜、思想澄明。呼吸神的空氣。倘若能夠，在祂的穹蒼下作工。

但是假如你居住在城市，在機器間工作，乘搭地下火車，吃飯的地方震耳欲聾地播放著以假亂真的新聞、提供的食物又摧殘你的生命，周遭的人的意見無聊得荼毒你心靈，請不要不耐煩，就接受這種生活，當為是神的愛、是種植在你心靈中的一顆獨處種子。倘若那些事令你膽寒，你就會繼續渴望得到靈修默想帶來有醫治能力的靜默。不過目前 對那些忘記了獨處觀念的人保持你的慈憐感。最少你知道獨處是存在的，而且是平安喜樂之源。你仍然可以期盼那種喜樂。但他們甚且已經不再希望得到它了。

◆ ◆ ◆

假如你為了逃避而逃避，並因為這個世界(無可避免地)極其可厭而遠離它，你就不會找到平安，也不會找到獨處。假如你只是因為寧可獨處而選擇獨處，你就永遠逃避不了世界和世人的自私自利；你永遠得不到那會保持你真正獨處的內在自由。

◆ ◆ ◆

獨處非常重要的一面是它對貞潔的密切倚賴。貞潔的美德不是完全放棄一切性生活，而是正確地進行性行為。根據世上大多數偉大宗教的傳統，貞潔的意思是，所有性行為都規限在婚姻生活之內，並在婚姻狀態之內，規限於某些正經的標準。

捨己在性生活這個範疇內最是重要，再沒有甚麼地方能出其右，因為性是芸芸自然欲望中最難控制的一種，而在毫無自制地滿足性欲的情況下，人的心靈就會被完全蒙蔽，一切內在的光明也看不見。

我們絕對不應視性為邪惡。性本質上是好的，是神所命定的，是進入神對人的愛和憐憫的奧祕。不過雖然性本身或許並不邪惡，但過度貪戀性享受，尤其是婚姻以外的性享受，卻是人最常有、最可憐的缺點。實際上，今天這個缺點實在太普遍，以致大多數人都相信性是不能完全受到控制的——正常人不可能真正完全禁欲。於是他們以為人應該甘心接受那不可能避免的，不再為之操心。

人固然必定同意，對性所抱存的病態罪疚感絕對不能幫助人控制性欲。然而，自制不單值得羨慕，更是可能的，而且是默觀生活的基本元素。這份自制要求相當的努力、警覺、耐性、謙虛，以及對神恩典的信任。但是致力保持貞潔教導我們倚靠一個高過我們自己本性的屬靈能力，而這是內心的禱告不可或缺的準備工夫。再者，沒有在其他眾多層面的禁欲式自我犧牲，就不可能有貞潔。必須有適度的禁食；所要求的是非常克制和秩序井然的生活、莊重得體、有節制的好奇心、適度的進取心，以及很多其他美德。

完美的貞潔替人建立一種屬靈獨處、平和、安寧、清晰、溫柔、喜樂的狀態，人在其中可以完全投入默想和默觀式禱告之中。

第十三章
魔鬼的道德神學

魔鬼有一整套神學及哲學系統，向凡肯聽他說話的人解釋，所有受造物都是邪惡的，人是邪惡的，神創造惡，而且直接命定人要因為惡而受苦。根據魔鬼的理論，神喜歡人受苦，而事實上，整個宇宙都充滿苦難，因為是神這樣命定和計劃的。

這個神學系統說：實際上，聖父欣然將聖子交到兇徒手上，而聖子降世是因為祂想天父懲罰祂。而祂倆都務求要懲罰逼迫那些忠於祂們的人。事實上，神創世時已清楚知道人必然會犯罪，差不多好比創世是為了讓人犯罪，讓神有機會彰顯祂的公義。

因此，照魔鬼所說，第一件創造物其實是地獄——似乎其他一切，在某種意義上來說，都是為了地獄而造。所以那些「忠於」這類神學的人的靈修生活每多執迷於邪惡。彷彿世上的邪惡還未滿盈，他們增加禁令、訂立新例，用荊棘綁起一切，使人逃不過邪惡和懲罰。因為他們要人從早到晚流血不止，但縱使血流成河，罪還是得不到赦免！既然這樣，十字架就不再是寬恕的標記(因為寬恕不容於這類神學)，反而標誌著律法和公義完全得勝，彷彿基督曾經說過：「我來不是要摧毀律法，卻是要被律法摧毀。」因為照魔鬼的說法，惟有如此律法方能真真正正的得到「成全」。成全律法的是懲罰而不是愛。律法必定要吞噬萬物，包括神在內。這就是懲罰、憎恨、報復的神學。以此為做人的信念的人一定以懲罰為樂。實際上，他或許能夠靠與律法和頒發律法者「通力合作」而避過懲罰。但是他要留心，勿讓別人迴避受苦。他必須滿腦子計算著那些人目前及將來的懲罰。律法必勝。憐憫一定不能存在。

這是地獄神學的主要標記，因為地獄甚麼都有，獨缺憐憫。這就是神自己不在地獄出現的原因。憐憫是神臨在的彰顯。

◆ ◆ ◆

魔鬼神學適用於那些由於某種原因而不再需要任何寬恕的人；原因可以是他們已臻完全，也可以是他們已與律法達成共識。在他們心目中(噢，可怕的喜樂！)神感到「滿意」。魔鬼亦然。那是很了不起的事，討好每一個人！

那些聽從這一套、吸收了這一套，而且樂在其中的人，孕育出一種靈命觀，一種邪惡的催眠術。他們談起罪、受苦、滅亡、懲罰、神的公義、報應、世界末日等觀念時，便心花怒放，興奮得難以形容。原因也許是，他們想起很多人會墮進他們將要逃過的地獄，便不自覺地深深感到快慰。他們又怎曉得自己將會躲過地獄呢？他們不能提供任何肯定的答案，只能說每想到這一切懲罰都是為了除他們自己以外、差不多所有的人而設的，便感到如釋重負。

這種自得就是他們所謂的「信心」，促使他們確信自己已經「得救」。

◆ ◆ ◆

魔鬼因講說罪的不是而收了不少門徒。他說服他們罪多麼邪惡，誘導他們感到極大的罪疚，並以為這樣已令「神感到滿意」，之後，他讓他們終身想著其他人的罪是何等大、上帝的摒棄是何等明確。

◆ ◆ ◆

魔鬼道德神學開宗明義說：「歡樂是罪。」跟著又反過來說：「一切罪都是歡樂。」

然後他指出，歡樂實際上是無可避免的，並且我們天生傾向做一些討自己歡喜的事，由此他推論出，我們一切出乎本性的傾向都是邪惡，而且我們的天性是邪惡的。他引導我們作出結論：既然我們躲不開歡樂，於是也沒有人可以避得過犯罪。

然後，為了務求沒有人會嘗試躲避罪，他還指出不能躲避的就不能算是罪。於是整套有關罪的觀念就被視作等閒而掃出門外，而且人們也斷定，除了為歡樂而活便別無他想，如此一來，本來美善的歡樂被廢除任命後便變成邪惡，生命也在不快和罪惡中被拋棄。

有時，有些人講道時大聲疾呼地談惡論罰、腦袋裏好像除了罪便甚麼也載不下，他們其實是不自覺地憎恨其他人。他們認為世人忘恩負義，這便是他們討回公道的手法。

◆ ◆ ◆

魔鬼不怕講神的旨意，只要可以隨他的意思講。

箇中論據是：「神命定你要做正確的事。而你內心有一股引力，閃亮著舒泰溫暖的滿足，告訴你甚麼是對的。因此，倘若別人企圖插手，迫你做一些引發不到這種舒服的內在滿足感的事，你便應該引用聖經，告訴他們你要順服神而不是順服人，然後儘管照自己的意思行，做那讓你覺得舒泰溫暖的事。」

◆ ◆ ◆

魔鬼神學其實不是神學，而是魔術。這神學裏的「信心」其實不是接受那顯示自己是憐憫的神，卻是一份心理的主觀「力量」，向實況施行強暴，任意更改。信心是一種非常有效的願望：是特殊的、神祕地活力十足的意志力所產生的優勢，而這意志力又是源自「深切的確信」。靠著這奇妙能量，人可以發放一種説服力，甚至可以影響神，將祂的旨意扭轉為自己的意思。人使出這驚人的新的心靈信心動力（只要報酬合意，任何江湖騙子都可以在你身上培養出這種動力）就能夠利用神作為達到目的的工具。我們成為文明巫醫，而神卻成為我們的僕人。雖然神憑本身會叫人懼怕，但是祂不要干預我們的妖術，還容許自己不為之而動怒。祂會欣賞我們的動力，並會讓我們事事成功。我們會因為有「信心」而大受歡迎。我們會因為有「信心」而致富。我們會因為有「信心」而促使我們國家的所有敵人都前來，把武器全放在我們腳下。由於我們所過的著魔生活，全球生意都會欣欣向榮，太陽底下的一切人與物都叫我們賺錢。我們有信心。

然而，在這一切之中卻又蘊藏著微妙的邏輯辯證。

我們聽說信心成就一切。於是就合起雙眼，加點力，釋放一些「心靈力量」("soul force")。我們相信。我們相信。

但甚麼也沒有發生。

於是我們再合上眼，再釋放多一點心靈力量。魔鬼喜歡我們釋放心靈力量。他幫我們釋放大量心靈力量，源源不絕。

但甚麼也沒有發生。

於是我們繼續努力不懈地幹下去，直到對整件事產生反感。我們厭倦了「釋放心靈力量」。我們厭倦了這個對改變現狀毫無作用的「信心」。這「信心」沒有取去我們的焦慮、我們的衝突，只留下我們被不確定蠶食。它也沒有卸去我們肩上的一切責任。畢竟，它的魔術也不是那麼有效。它不能完全説服我們，神對我們感到滿意，甚至不能使我們對自己感到滿意(儘管在這方面，確實有些人的信心往往頗有功效)。

我們既然變得厭惡信心，也順理成章地厭惡神，於是就為極權主義羣眾運動鋪路，在我們重新振作時接我們上車，使我們喜歡戰爭、逼迫「次等民族」或敵對階級，或總而言之，積極打擊異己。

◆ ◆ ◆

魔鬼的道德神學另一個特色是誇大這個跟那個、善與惡、對與錯的分別。這些分別成為不能化解的分裂。我們不再想到也許我們多少也有些過錯，也許我們應該以寬恕、接納、耐心的了解和愛去將別人犯的錯扛到肩上，從而互相幫助對方尋找真理。相反地，魔鬼神學著重的是務要絕對正確，以及證明所有其他人都完全錯誤。這樣做恐怕不會把和平合一帶到人間，因為人人都想自己絕對正確，或者依附絕對正確的人。為了證明自己正確，便要懲罰和除滅犯錯的人。而那些犯錯的人又轉過來堅信自己是正確的⋯⋯諸如此類。

最後，一如所料，魔鬼的道德神學把極不尋常的重要性放在⋯⋯魔鬼身上。實際上，人們不用多久就會發覺，魔鬼正是整個系統的中心。一切的背後都有他。除了我們之外，世上所有人都受到他擺佈。他要向我們報復。而且他有非常好的報復機會，因為如今，他的能力看來與神相等，甚至也許已經超越了神……。

一言以蔽之，魔鬼神學純粹就是說魔鬼是神。

第十四章
誠實正直

不少詩人並不是詩人，原因與不少宗教人士並不是聖人一樣：他們從來都做不回自己。他們總是做不到神想他們做的那個詩人或那個修士。他們總是不能成為那個被他們個別生活環境所召喚的人或藝術家。

他們徒然努力做另一個詩人、另一個聖人，虛擲年月。由於很多荒謬的原因，他們堅信自己不得不做另一個人，而那人已經死了二百年、生活在截然不同的環境。

他們努力想得到別人的歷煉、撰寫別人的詩、擁有別人的靈性，但這些努力都不會實現，只會將他們的身體心靈磨盡。

跟從別人也可以是強烈的自我主義。人們急於彰顯自己而抄襲潮流——懶得去想更好的方式。

匆忙是聖人的致命傷，藝術家亦然。他們想快點成功，並因為急於有成而不願花時間忠於自己。當他們忙得發瘋的時候，就強詞說匆忙正是他們正直的一種形式。

◆ ◆ ◆

在偉大的聖人身上，你會見到完全的謙卑與完全的誠實匯合。兩者實際上是二而為一的。聖人與別不同之處正在於他是謙卑的人。

就此生的附帶事物而言，只要是一般大眾都滿意的，謙虛的人也不會有微言。但這並不表示謙卑的精髓在於與別人一模一樣。相反，謙卑在乎恰恰做你在神面前真正所是的那個人；既然沒有兩個人是相同的，你若謙虛地做著自己，就不會與宇宙間任何人相似。然而這種個人特徵不一定會在日常生活的表層凸顯出來。這不僅是外表、見解、品味、辦事方式的問題。而是靈魂深處的問題。

對真正謙卑的人來說，人們的一般做事方法和風俗習慣不會引起衝突。聖人不會為了人們吃甚麼、喝甚麼、穿甚麼，或家裏牆上掛些甚麼，而大為緊張。這些附帶事物順應還是不順應大眾潮流，若被當成生死大事，就等如讓內在生命充塞著混亂和噪音。謙虛的人對這些都不感興趣、不加理會，只選取世上那些幫助他尋找神的，將其他一切都擱置一旁。

他能夠清楚看出，對他有用的，對別人卻可能沒有用；造就別人成為聖人的，卻可能會毀了他。那就是為甚麼謙卑帶來靈裏深入的淨化，以及一種平和、機敏、通情達理；而缺少了這些，就不會有合乎情理的品行。

堅持要做另一個人並不是謙卑。就好像是說你比神還清楚自己是誰、自己應該是怎樣的人。倘若你走到通往別的城市的路上，又怎能期望到達自己旅途的終點呢？你怎能期望過著別人的生活而能達到自己的完全呢？那人的聖潔永遠不會成為你的聖潔；你必須帶著謙卑的心，在絕對孤獨的幽暗中努力做好自己得救的工夫⋯⋯。

做回自己，除了神命定你做的那個人、那個藝術家外，你不要做任何人，這需要勇敢的謙卑。

別人會令你覺得你的坦誠不過是一種驕傲。這是嚴峻的試探，因為你永不能肯定你是忠於真我，還是不過為那虛假的人築起防衛；而那虛假的人是因你渴望得人尊敬而造成的。

然而，你在那種處境中保持平衡所帶來的痛苦可以令你學到最大的謙卑：你繼續做自己，卻又不會因而變得兇巴巴，也沒有祭出假我來對付其他人的假我。

◆ ◆ ◆

你不能像買帽子一般獲得完全——走進店舖，試幾頂，十分鐘後，頭上戴著一頂合適的帽子走出來。但有時人卻會帶著那種念頭進修道院。

他們遇上第一個可用的方法，就忙不迭要裝上，終身戴在頭頂四處去。

他們不分好歹的狂啃書本，不會停下來想想所讀的有多少適用於自己的生活，或可供應用。他們最關心的是要盡量取得最多的外在物，將他們在短短日子裏學會與完美有關的部件裝飾己身。他們穿上依照別人身材和其他處境而做的衣服到處走。

如果他們做得徹徹底底，他們的屬靈化裝就一定大受褒獎。像成功的藝人一樣，他們變得商業化。自此以後，他們也沒有甚麼希望了。不錯，他們是好人；但他們與現實不相稱，而且他們本著好意所花的精神也多會白白浪費。他們變得以自己那種聖潔為樂，對自己憑想像編織出來的完全深感滿意。

那種「聖潔」也許只是互相吹捧的結果。這個神聖的人的「完全」是他鄰舍的一帖安定劑，肯定他們的偏見，令他們忘記自己欠缺的社會道德，使他們覺得自己「正確無誤」、走對了路，而且神「滿意」他們的集體生活方式。因此，沒有甚麼需要改變。但任何人若反對這種狀況就是錯。「聖人」的聖潔就是要來證明有必要徹底除滅那些「不聖潔」的人——即是那些不與他們同流合污的人。

藝術，或文學，也如是。「最優秀」的詩人就是那些剛巧能滿足到我們當前對好詩所持的偏見的人。我們對於他們豎立的標準非常嚴格，甚至不會理會一個寫法稍稍不同，或風格有點不一樣的詩人。我們不會讀他的作品。我們不敢，因為如果被人發覺我們讀過他的詩，我們就會失寵，會被革出門外。

一種乖巧的傲慢的奴性，一個集野心、固執、彈性於一身的古怪混合體，對時興濫調微妙變化非常敏感的

「第三隻耳朵」—— 配備這一切，你就可以及格做個聖人或天才，如果你選對了要順從的組別的話。你會因為受到某種埋怨而大樂，因為那是來自組外的埋怨，而他們的埋怨就是稱讚。即使你的朋友也不會大力稱讚你。但是他們清楚知道你有甚麼打算。他們完全接受你的標準。他們喜歡你。你已經被封為聖人。你就是他們自滿的化身。

◆ ◆ ◆

聖人初現的徵兆之一很可能就是別人都不曉得怎樣看他。事實上，他們不大肯定他是瘋癲還是只是驕傲而已；但一個人至少必須驕傲，才會被只有神方能真正了解的個別理想所纏繞。而且當他將「完全」一切的抽象準則應用在自己生活上的時候，每每遇上難以避免的困難。他似乎不能令自己的生活與書本所說的協調。

有時他差得沒有修道院肯留他。他們要打發他走，要他像拉布爾（Benedict Joseph Labre；編註：1748~1783，生於法國，年青時一直都想進入修道院，但由於種種原因，始終沒有成為修士。其後認定神給他的呼召是過赤貧的生活，到各處朝聖。最後死於羅馬。）那樣還俗。拉布爾曾經想當苦修會修士（Trappist）或嘉爾篤會修士（Carthusian），但都不成功，最後做了流浪漢，倒斃羅馬街頭。

然而，自中世紀以還，做過西斯特教團修士或嘉爾篤會修士，而又正式被封為聖人，並受普世教會尊崇的只有一位，就是聖本尼迪克・約瑟・拉布爾。

第十五章
警句

抱希望就要冒受挫折的危險。所以，立定決心冒受挫折的危險吧。

◆ ◆ ◆

不要做個寧可永不嘗試也不要冒失敗之險的人。

◆ ◆ ◆

人們不會被「德行」的觀念吸引，因為他們不再有興趣做好人。不過如果你告訴他們，聖多瑪斯 (St. Thomas) 說德行是「實事求是的知識分子的習慣」，也許他們會對你的話稍加留意。他們想起甚麼似乎令自己聰明的事，都會感到高興。因為藉此他們總會有所得。

◆ ◆ ◆

我們頭腦仿似烏鴉，凡閃閃發亮的東西都要逮住，也不管巢兒放著那一大堆銅銅鐵鐵是多麼不舒服。

◆ ◆ ◆

若有人從乾爽的房子走出來，冒著雨打顫，他如此行並不為甚麼，只因房子是乾的，魔鬼就會大樂。

◆ ◆ ◆

我不大清楚世情，但間中也會偶然看到他們所畫所寫的東西，就會確信他們都活在城市的陰暗面。聽不到他們唱甚麼使我感到高興。

◆ ◆ ◆

假如一個作家總是那麼小心翼翼，永遠不讓自己寫出會受到批評的文章，他就永遠不會寫出甚麼值得閱讀的文章。如果你想幫助別人，就必須下定決心，寫些會受到譴責的文章。

◆ ◆ ◆

你不可能做有信心的人，除非你曉得怎樣提出疑問。你不可能相信神，除非你能夠質疑偏見的權威，即或那偏見看起來很虔誠。信心不是盲目順應一種偏見——一種「預設判斷」("pre-judgment")。信心是一個決定，一個判斷，是在一個不可能證明的真理的亮光之下全心全意作出的。信心不僅僅是接納別人已作的決定。

◆ ◆ ◆

只能證實我們是意見多多而且自滿自得的人的「信心」，很可能表示我們在神學上有所懷疑。真正的信心永遠都不僅是屬靈慰藉的來源。真正的信心可能會帶來平安，卻又一定先要我們掙扎一番。避開這掙扎的「信心」其實是一種不利於真信心的誘惑。

◆ ◆ ◆

記憶受到一大堆「回憶」所腐蝕破壞。假如我要有真正的記憶，就要先忘記上千的事物。當所記的只是往事，記憶就沒有得到完全發揮。對現今世情不敏感的記憶不「記得」當下的事；不「記得」自己的真正身分，一點也算不得是記憶。除了事實和往事就甚麼也不記得的人、不能回到眼前的人，都患了健忘症。

◆ ◆ ◆

我們那麼堅信過去的惡一定會重複自己，以致我們強迫它們重複自己。我們不敢冒險過一個完全遺忘舊惡的新生活；新生活好像暗指有新的惡，我們寧可面對早已熟悉的惡。於是我們戀棧那些已屬於自己的惡，日日更新，直到我們與之等同，而改變也變得不可想像。

◆ ◆ ◆

那些在鄉間四處漆上「耶穌拯救」和「準備朝見神！」等標語的人，他們又如何呢？你可曾遇到過他們其中任何一人？我沒有碰到過，但常常想像他們的樣子，不曉得他們心裏想些甚麼。奇怪的是，他們的標語並沒有令我想起耶穌，卻讓我想起**他們**；或許是「他們的耶穌」從中作梗，令我完全沒有辦法想到耶穌。他們想硬把**他們的**耶穌推銷給我們，而祂可能只是他們自己的投影而已。有時他們似乎威脅要審判世人，有時又應允會憐憫他們。然而他們是否只是為自己祈求別人的愛、接納和珍惜？不管如何，他們的耶穌與我的耶穌很不一樣。但因為他們的看法有異，我便要大驚失色，大表不悅地拒之千里嗎？假如我這樣做，我就或許是拒絕心裏一些自己不再承認存在的東西。無論如何，如果我能夠忍受他們的耶穌，我就可以接納和愛**他們**。或者我最少可以想像自己這樣做。不要讓他們的耶穌成為我們之間的障礙，否則**他們**將會成為我們與耶穌之間的障礙。

◆ ◆ ◆

最古舊的就是最年輕最新鮮的。再沒有甚麼比人的新意更古老更死氣沉沉了。「最新的」總是胎死腹中。甚至從來都不會到來。真正的新事物其實一直都存在。我說的不是一直**自我重複**，真正的「新」事物是指那每時每刻都鮮活地冒出來的嶄新東西。這種新鮮永遠不會重複自己，卻又古舊得可以遠溯到太初之時；是太初本身向我們說話。

◆ ◆ ◆

對「原始的人」來說，過去與未來都在目前。對「現代人」來說，現在不是在將來就是在過去。他們沒有現在，只有一個永久自我重複的混亂狀況。但混亂偶爾也夾雜一些尖銳實際的噪音：有人宣佈當日的日期、時、分。無時無刻，他們都驚呼剛剛有重要的事情發生了，或者快要發生。確實，人可以「親臨」大型活動現場。可是，在亂作一團的即時瞬間那灰暗草率的混亂當中，再也沒有當前，而對那些似乎參與其中的人來說，這些活動已經沒有特色或意義。我們不去參與有意義的活動，反而彼此連珠發炮的發放聲明宣言，為已發生、正在發生、行將發生的事作解釋。我們不斷互相報時，好像如果我們絕口不提時間，時間就會自己消失一樣。或許時間真的會消失哩！

◆ ◆ ◆

最難摒棄卻又最需要摒棄的就是：怨憤。這差不多是沒有可能做到的事，因為沒有怨憤，現代生活可能會變得完全不是人的生活。怨憤讓我們可以受得住在現代城市中存在的荒謬。怨憤是自由在混亂當中背水一戰的立場。那混亂是無可避免的，但最少我們可以拒絕接受混亂，我們可以說「不」。我們可以活在無聲的抗議中。

然而，倘若怨憤是令人可以活下去的方法，也不一定能讓人健康地活下去。那不是真正運用自由，也不是個人正直的真正表現，而是一個被虐待、心理與生理兼具的生物所作的無聲的動物性抗議。如果變得極端，就會演變為精神病，而那亦是一種別具特色的「適應」。但這是以逃避的方式作出的適應。

◆ ◆ ◆

問題在於學習怎樣摒棄怨憤而又不會向那些機構中人屈服。他們希望人人都本著熱心社會和心甘情願共事的精神去接納荒謬的局面和道德的無政府狀態。很少人有足夠的力量找出解決方法。修道院不一定是正確的答案；修道院內也有怨憤，成因與任何其他地方的怨憤一樣。

◆ ◆ ◆

如果你想摒棄怨憤，你就要棄掉那影子自我（shadow self）；影子自我以混亂維持生命，卻又感到受混亂威脅。這就是問題所在：生活上必須完全卑屈地倚賴一個自己看不起或憎恨的制度、機構、社會或人。既要過著這樣子的倚賴生活，卻又因為自己戀棧這個所謂「身分」而不得不表面上贊同接受自己所恨惡的。要保持一個基本上是屈從倚賴的「我」；這個「我」要不斷讚頌奉承自己不願卻必須服從的暴君以示屈從。

◆ ◆ ◆

最終這都是有關屈從的問題。而屈從可以是一個純粹主觀的狀態；可以是把自己當做奴隸，即使並沒有人騎在我們頭上；可以是我們除了活在幻想自己受人支配的狀況下以外便無法生存。在此情此景之下，怨憤會有助於令處境變得可以接受，但永遠不能令我們健康。那只是為自己找理由，假裝若能夠的話我們是會得到自由的。但是如果我們發現其實自己已經得到自由，那又如何？

◆ ◆ ◆

並不是有人阻礙你快快樂樂地過活；你自己也不曉得自己想要些甚麼。你不肯承認這點，反而假裝有人禁止你行使你的自由。那人是誰呢？那人就是你自己。

但是只要你假裝自己正活在絕對的自主當中，自己作自己的主人，甚至沒有神祇管治你，你就無可避免地以某人的奴僕或某機構的過氣會員的身分過活。矛盾的是，接受神就能讓你得自由，將你從人的暴虐下釋放出來，因為你既然事奉神，就不容再做人的奴隸、使自己的心靈遠離神。神沒有**邀請**以色列子民脫離埃及的奴役：祂**命令**他們這樣做。

◆ ◆ ◆

詩人進到自己裏面，好能創作。默觀者進到神裏面，好能受造。

◆ ◆ ◆

天主教詩人作為使徒，首要是做好詩人的本分，而不是試圖做一個以使徒身分先行的詩人。因為如果他以詩人的身分向世人展現自己，人們就會當他是詩人來評價，假如他不是一個好詩人，他的使徒身分也會淪為笑柄。

◆ ◆ ◆

如果你為神寫作，你會有很多讀者，並給他們帶來喜樂。

如果你為人寫作——你或會賺些錢、帶給一些人點點喜悅、短暫地名噪一時。

如果你只為自己寫作，你可以讀到自己所寫的，但十分鐘後，你會反感得希望自己死了還好。

第十六章
恐懼是戰爭的根源

恐懼是一切戰爭的根源：與其說是人對彼此之間的恐懼，不如說是人對**一切事物**所存的恐懼。人們不僅互不信任，甚至不信任自己。如果人們不敢肯定何時會有人轉過身來殺死自己，他們就更不能肯定何時自己會轉過身來殺死自己。人們甚麼也不信任，因為他們已經不再相信神。

◆ ◆ ◆

危險不僅在於我們對別人的恨意，最重要的，是在於我們對自己的憎惡：尤其是那種對自己深沉而強烈到不能清醒面對的恨惡。這恨惡令我們在別人身上看到自己的惡，但卻不能在自己身上看出來。

我們看見別人有罪，就試圖打倒他們，或者最少趕走他們，藉此糾正他們。當有罪的那個人不是自己時，就很容易把罪與罪人混為一談。至於我們自己，看法就完全相反：我們看到罪，但卻很不容易為之負起責任。我們發覺很難將自己的罪等同於自己的意志和惡念。相反，我們很自然地傾向將自己的不道德行徑理解為不自覺的過失，或者理解為心裏面一個在自己以外的靈的惡謀。但是與此同時，我們又清楚知道別人不會為我們作出這種省心的區別。在他們眼中，我們所做的是「我們的」行為，他們要我們負上全責。

更有甚者，我們傾向於不自覺地進一步減輕自己心中的罪擔，把它傳給別人。我做錯了事，為了開脫自己而諉過於那莫名其妙地「住在我裏面」的「另一個」，然而我的良心仍不滿足。還有太多要解釋的事。那「在我裏面的另一個」太貼身了。於是我們就會試圖解釋自己的過失，說在別人身上也見到同等的惡。因此我將自己的罪減至最輕，並以誇大別人的過失來作補償。

彷彿這還不夠，我們還要以人為的方法強化自己對邪惡的感覺，甚至對一些本身沒有錯的事物也感到內疚，令情況更為惡劣。我們在各方面都積聚起一種對邪惡的偏執，對自己如是，對別人也如是；我們花盡所有精神要為這惡找出理由，懲罰它、驅除它、盡己所能擺脫它。我們把全副心神都放在這事上，把自己都逼瘋了；最後剩下的出路只有暴力一途。我們一定要摧毀某件東西或某個人。到了那個地步，我們已為自己製造了一個合適的敵人，一頭代罪羔羊，世上所有的惡都投到他身上。他是每個過失的因由。他是一切衝突的挑唆者。只要毀了他，衝突就會止息，邪惡就會了結，戰爭再也不會發生。

這一類無實質根據的思想若得到一套精心設計的假科學神話結構支撐，像馬克思主義者採納的那些宗教代用品一樣，就會變得尤其危險。然而，當它以含糊、易變、混亂、不講原則的機會主義運作時，也同樣危險，而且這種機會主義在西方取代了宗教、哲學，甚至成熟的思維。

◆ ◆ ◆

當整個世界墮進了道德紊亂時；當人人都不再懂得思想時；其實，當人人都逃避思考的責任時；當人完全放逐自己，自現實栽進虛構的領域，令理性地思考道德問題變得荒謬時；以及當人為了解釋自己的道德失誤而費盡心機、編造更多假象時；昭然若揭的，是單靠調解者的努力和好意不可能拯救世人避過全球大戰和全球毀滅。實情是，人人都愈來愈意識到良好意向與惡劣結果之間、締造和平的努力與戰爭的逐漸逼近之間，那鴻溝正在擴大。彷彿無論計劃有多周詳仔細，所有國際對話的嘗試反倒愈發多以可笑的失敗收場。最終，沒有人會對那些還肯嘗試對話的人再抱有信心。相反，那些協商者，懷著可憐的善意，卻變成鄙視和憎恨的對象。最終，受到最無情的漫罵、欺壓、毀滅的，就是那些「懷著好意的人」，那些為和平做點卑微工夫的人；他們成為人類全面自恨心態的犧牲品，而很不幸，他們善心的失敗只有加添這種自恨心。

也許我們仍然懷著一種基本上是迷信的偏見，聽到失敗就聯想到欺詐和罪行——將失敗解讀為「懲罰」。即使有人起初是憑善意去做，但倘若他失敗了，我們就會以為他可能在甚麼地方「出錯」。如果他是無辜的，最少他也是「錯了」。而對於「錯」這回事，我們還未學會怎樣以平靜體諒的心看待。通常我們不是莊嚴而不屑地加以譴責，就是莊嚴而自以為高人一等地加以忘記。我們不能以人類的慈憐、謙虛、認同去接納。因此，我們永遠看不到能夠幫助我們著手解決倫理及政治問題的惟一真理：**人人**或多或少都有錯，**人人**都有出錯，**人人**都被自己的不純正動機、自欺、貪念、自義、傾向裝假和攻擊別人所限制和阻撓。

◆ ◆ ◆

我們不肯接受別人不完全的好意和與他們合作（當然也不肯審慎、無可奈何地接受結局不完美是無可避免的），因而不自覺地宣示了自己的惡意、自己的偏狹、自己的不實事求是、自己在倫理和政治上充內行。

也許到了最後，真正朝和平踏出的第一步會是實事求是地接受事實，也許在很大程度上，我們的政治理想只是幻覺和謊話，而我們戀棧這些政治理想，動機也不一定完全誠實：而因為這個原因，我們不讓自己看到敵人的政治理想有甚麼好，或者有甚麼實際可行之處——當然，在很多方面亦可能比我們的政治理想更迷惑人、更不誠實。我們要接受事實，政治是個善與惡動機糾纏不清的結，雖然惡可能穩佔上風，但我們仍要堅信其中還可以找到些微的善，若非如此，就不可能有甚麼成績。

但有人會說：「我們一旦承認人人都同樣有錯，一切政治運作都會即時癱瘓。我們只能當自己是對的而行事。」正好相反，我相信正確政治行動的基礎只可以是，承認任何個別黨派或國家都**不**能有真正解決問題的方法，一定要人人通力合作，大家一起協商才行。

◆ ◆ ◆

我不是想鼓吹充滿罪疚感的思想，總要看見凡事都「錯了」才高興。這也是逃避責任，因為種種過份簡單化的形式，通常最終都會使決定變得毫無意義。我們必須嘗試接受自己，不管是個體還是集體，不僅是全然的善或全然的惡，而是接受我們那神祕的、無法解釋的善惡混合體。我們要支持自己裏面那點善，但又不至於言過其實。我們要保衞自己真正的權利，因為除非我們尊重自己的權利，否則就肯定不會尊重別人的權利。但與此同時，我們要承認自己曾經在有意或無意之間侵害別人的權利。我們必須能夠不僅透過自省承認這事，更要在別人忽然間、也許還語氣不太溫柔地提醒我們的時候承認這事。

這些原則決定了個人的道德操守，令小型社會單位（如家庭）可以融洽共處，也可應用於較廣大的國家，以至整個國際社會。然而，如果我們期望，在目前或任何其他的情況下，能夠藉著提倡道德而使這些原則獲得普遍接納，就頗為荒謬。如果期望有一天，政客石破天驚地突然改變主意，遵照這些原則治理世界，其可能性是十分低的。如果把政治思想建基於一個渺茫的盼望：世界領袖的心被一個完全因情況而異兼主觀的道德亮光所啟迪，結果只會是徒然，甚至可笑。但是在政治思想及行動以外，而在宗教領域之內，盼望卻能達到這種神祕的美滿結局。這不但是許可的，我們更必定要為這結局禱告祈求。我們可以相信的，也必須相信的，不全然是神的神祕亮光會「改造」那些最能左右世界和平的人，而是儘管他們既頑固又多成見，但仍會謹慎，小心不會犯上致命的錯誤。

◆ ◆ ◆

假如人們顯然是不可信任的，卻又期望人們能彼此信任，那就是感情用事的愚行。但是人們最少可以學習信任神。人們可以讓自己看見，神的神祕大能可以不受人類的惡意和錯誤所牽制而保護人不至於莫名其妙地與自己為敵，而且神總可以化惡為善，雖然神的做法也許不一定是那些只談美好樂事的傳道人所能了解。神是無限聰明的，並且掌管人的生命，容許人行使自由甚至到了差不多難以置信的濫用程度；如果人能夠信靠神、愛神，他們就能夠愛惡人。他們能夠學習愛惡人——即使是在罪中的惡人，就像神愛他們一樣。如果我們能夠愛我們不能信任的人(又不至於愚蠢地信任他們),如果我們能夠與他們認同、在某程度上分擔他們的罪擔,那麼或許仍有一絲希望,世上會升起一種和平——不是人的智慧和機心築起的和平,而是建基於神那高深莫測的憐憫之上的和平。

因為只有愛——即是謙卑——才能夠驅除恐懼,而恐懼是所有爭戰的根源。

我們把「祈求和平」這個勸勉作郵戳蓋在郵件上,然後花上數以十億元計的金錢製造核子潛艇、熱核子武器、彈道導彈,這有甚麼用呢?我想這正是新約聖經所謂的「輕慢神」〔譯按:參看加六7〕——而且比無神論者做得更出色。這個玩笑達到高潮時的驚慄之處在於,我們屯積武器,為的是要抵禦無神論者,但是坦白說,無神論者相信世上沒有神,也堅信既然再沒有甚麼東西可以提供真正的安全,所以人必須靠賴炸彈和導彈。那麼,是否因為我們深深相信神的大能,所以我們定意要在這些人毀滅我們之前,首先完完全全殲滅他們?即使要冒同時毀滅自己的危險,也在所不惜?

◆ ◆ ◆

我不是想暗示,我們只需要禱告,不用同時以一般人為的方法去達到一個本身是善良而正當的目的。一個人大可一面祈求身體康復,一面服食醫生為他處方的藥物。事實上,信徒通常應該兩樣都做。而且以這兩種方法去達到相同目的時，似乎也應有一個合理而正確的平衡。

但是試考慮一下，為了製造那些差不多立刻就變得過時、要當廢料處置的武器，而投下極其大量的金錢、計劃、精力、焦慮、憂煩。再把這一切與在四仙郵票上蓋個「祈求和平」郵戳的假仁假義姿勢相比，那差異何其大！又想一想，我們的虔敬與我們絲毫不感內疚或羞恥地默許的巨大殺戮行為，兩者是多麼不相稱！似乎我們的腦海從未想過，這實在有點不協調：我們既向和平的神祈禱——祂是那位吩咐我們要像祂愛我們一樣彼此相愛、並警誡我們凡動刀的必死在刀下的神——但同時卻又策劃要把不是數以千計，而是數以百萬計的平民和軍人，不分男女老幼，盡都殲滅，即使肯定自己必會招致同樣滅絕也在所不惜！

病人祈求健康之後便吃藥，是可以理解的；但若他祈求健康之後卻服毒，那就令人百思不得其解了。

◆ ◆ ◆

當我祈求和平時，我求神不但叫俄國人和中國人實現和平，最重要的是，叫我自己的國家和我自己實現和平。當我祈求和平時，我不但求神保護我不受共產黨人所害，也求神保護我不受自己國家的愚蠢和盲目所害。當我祈求和平時，我不但祈求自己國家的敵人不要再想打仗，最重要的是祈求自己國家不要再做那些必然導致戰爭的事。換句話說，當我祈求和平時，我不是只求俄國人會不作任何掙扎便放棄、讓我們可以自主行事。我祈求我們和俄國人都恢復理智，學習怎樣盡大家所能一起解決問題，而不是準備全球自毀。

我很明白這聽起來非常感性、老套，是不合科學時代的調子。但是我想提出的是，直到現在為止，政治和社會學的假科學思想所能提供的要比這個少得多。我想公平地加上一句，核子科學家往往是最關注這情況的道德問題的人，而他們也是膽敢不時開口評論此事的少數人中的一羣。

但是世上有誰肯聽他們的話呢？

◆ ◆ ◆

如果人真的想得到和平，他們會真誠地向神祈求，而神也會賜給他們。但是為甚麼神要賜和平給這個不想要和平的世界呢？這世界假裝渴望得到的和平其實一點也不是和平。

對某些人來說，和平只不過等如有自由剝削他人，而且不用害怕會受到報復或干預。對另外一些人來說，和平即是有自由不受干擾地劫掠他人的財物。還有另外一些人認為，和平就是有揮霍地球資源的閑情逸致，並且毋須為著要餵養那些因我們的貪婪而捱餓的人，而不得不中斷自己的歡娛。而對差不多所有人來說，和平只不過是見不到任何具體暴力，足以在我們生活中投下陰影，妨礙我們滿足自己肉體的安舒和享受。

很多這樣的人向神求他們心目中的「和平」，還奇怪為甚麼自己的禱告得不到答允。他們不能明白其實禱告**已蒙**應允。神給了他們所渴望的，因為他們心目中的和平只不過是另外一種形式的戰爭。「冷戰」只不過是我們對和平存著腐敗觀念的正常後果；這個觀念的基礎乃是在倫理、經濟和政治生活各方面，都以「人不為己、天誅地滅」為方針。盼望能夠得著一個建基於假想與幻覺、卻又穩如泰山的和平是荒謬的！

因此，最重要的是愛人和愛神，而不是愛你心目中的和平。要恨惡自己心靈中的欲念和紊亂，因為那是戰爭的因由，而不是恨那些你以為是製造戰爭的人。如果你愛好和平，那就要恨惡不公、恨惡專橫、恨惡貪婪——但是要恨惡**你自己裏面**，而不是別人心內的這些東西。

第十七章
地獄如恨

在地獄這個地方，人與人之間並沒有任何共通點，除了這個事實：他們都彼此憎恨，但又躲不過對方，更避不開自己。

他們全都一起被投進自己的烈火中，而每個人都努力以一股巨大、無能的恨意把別人用力推開。他們不想彼此有任何牽連的原因，與其說是憎恨在別人身上所見到的，不如說是知道別人恨惡他們在自己身上看到的：而人人都在彼此身上認出自己十分憎嫌的自私和無能、精神及肉體上的煎熬、驚慄和絕望。

人們看見果子就認出果子來自甚麼樹。如果想了解現代人的社會及政治歷史，你可以研究一下地獄。

不過，這世界縱然戰火頻頻，仍未至於是個地獄。而歷史，不管多麼恐怖，還有另一層更深的意義。原因是，歷史的意義不在其惡，而且要了解我們的時代也不是從這一代的惡著手。在戰爭與仇恨的火爐裏，人人彼此相愛的聖城被苦難中表現的仁愛英雄行為所吸引凝聚，但是甚麼都恨的人的城市，倒是散亂、不集中的，市民像星火、煙霧、火舌一樣，被驅散到四方。

◆ ◆ ◆

我們的神也是烈火。如果我們因著祂的愛而更新變化成為祂，並像祂一樣燃燒，祂的火就會成為我們永久的喜樂。但是如果我們拒絕祂的愛，停留在罪和與神與人為敵的冷酷之中，那麼祂的火(出於我們而不是祂的選擇)便成為我們永久的敵人，而愛便會成為我們的折磨和破壞，而不是我們的喜樂。

◆ ◆ ◆

我們若愛神的旨意，就會在萬物中看到祂的旨意、擁有祂的喜樂。但是若我們敵擋神，即是若我們愛自己多於愛神，萬物便成為我們的敵人。萬物不得不拒絕無法無天地要滿足我們的私心加諸他們的需索，因為神無邊的無私是每個受造本質的定律，而且已經印在祂所造的萬物身上。造物只可以與祂的無私保持友好。假如受造物看出人心存自私，就會對這私心產生憎惡、害怕、抗拒——直至被這私心馴服、貶低到只懂得默從。但是沙漠教父相信，聖人的其中一個記號就是他能夠與獅子毒蛇和平共處，一點也不害怕。

◆ ◆ ◆

罪並沒有甚麼有趣之處，惡之為惡亦然。

惡不是一個明確的實體，而是在於應有的完美不存在。嚴格來説，罪基本上是單調乏味的，因為罪缺少能夠吸引我們的意志和思想的東西。

吸引人行惡的並不是人心中的惡，而是人心中的善，但那是從一個錯誤的方位和扭曲的觀點看到的善。從那個角度看到的善只是陷阱裏的餌。當你伸手去取這善時，陷阱便打開，剩下你一臉厭煩、乏味——以及憎恨。罪人憎恨一切，因為他們的世界一定要充滿出賣，充滿虛幻，充滿欺詐。而最惡的罪人是世上最乏味的人，因為他們也是最感到厭煩的人，他們覺得生活最是冗長單調。

當他們努力用噪音、刺激、暴力——終身切慕那不存在的道德價值所必然結出的果子——去蓋過沉悶的時候，他們成為比乏味更糟的東西：他們是世界和社會的禍患。而被他們加害就不僅僅是沉悶或乏味了。

然而，待一切完結、他們也死了之後，他們在歷史中的罪行紀錄就變得極其令人厭倦，卻又以懺悔的方式禍延學童——那就是格外的怨毒，因為即使八歲小童也很容易看出，認識像希特拉、史太林、拿破侖這樣的人是多麼徒勞無益。

第十八章
信心

默觀的開端是信心。倘若你對信心基本上有不健康的觀念，你就永遠不能成為默觀者。

首先，信心不是一種情緒，不是一種感覺。信心不是對面目模糊的超自然東西一種盲目、下意識的衝動。信心不僅是人心靈的一種基本需要。信心不是一種覺得神存在的感受。信心不是確信除了湊巧有那種感覺之外，人無需甚麼特別理由就總能得救或「稱義」。信心不是一種完全內在和主觀的東西、與任何外在動機無關。信心不只是「心靈力量」("soul force")。信心不是你心靈深處冒起的甚麼東西、讓你充滿一種難以確定的「感覺」，以為一切都很好。信心不是一種純粹只屬於你的東西，以致無法說出其內容。信心不是甚麼不可與別人分享的私己神話。客觀來說，信心是否正確，對你或神，或者任何其他人，都不是沒有任何關係的。

然而，信心也不是一種見解，不是一個建基於理性分析的信念，不是科學證明的結果。你只可以相信你所不知道的。你一旦知道它是甚麼，你就不再相信，最少不是以你認識的那種方式相信。

信心首先是一種理性的贊同。信心令心智完善，不會摧毀心智。信心讓真理 (Truth) 擁有理性，而真理是思考本身不能掌握的。信心令我們覺得神本身是確實的；信心是一個途徑，讓我們能與永活的神有充滿生命的接觸，而不是讓我們看到一個以受造物為根據推論出來的抽象的萬物本原 (First Principle) 。

但是信心所贊同的並不是建基於肉眼可見物體的內在證據。相信是結合一個大前題的兩個部分的舉動，而那兩個部分在我們的自然經歷裏是互不相關的。但是，我們理智所及的也沒有甚麼能夠證明兩者是互不相連的。那些要求信心贊同的説話在理智上是中立的。我們沒有自然的證據證明它們為甚麼應該是真的或者是假的。我們贊同那些説話是基於內在證據以外的理由。我們接受説話的真實是出自啟示，而我們贊同的動機是啟示那些真實的神的權威。

我們不期望信心會令理智完全滿足。信心讓理智懸浮於難明費解之中，沒有適合理智認知方式的亮光。然而信心不會妨礙、否定或破壞理智。信心以一份堅定的信念令理智安靜下來；信心曉得在愛的帶領下，理智可以頗理性地接受這信念。因為信心的行為，就是理智滿足於藉著**愛**神和依照神的條件接受神所講關於祂自己的話而認識神，從而作出的舉動。這種贊同已是相當合情合理，因為它是建基於明白到，我們靠推理不能知道神本身實在是怎樣的一位神，也不能了解這個事實：神自己是無限的實在，所以祂是無限的真理、智慧、大能和眷佑，祂可以隨意而絕對確實地顯明自己，並且用外在表徵來證明祂所啟示的自己。

◆ ◆ ◆

信心基本上是理性的贊同。但是如果信心單單是理性的贊同，如果信心只是「為不現身者作的論據」，那麼信心就不完全。信心必須不是止於思想上的贊同。信心亦是一種理解、一種接觸、一種意志的親密交流，是「所望之事的實底」〔譯按：來十一1〕。憑著信心，人不但贊同神所啟示的觀念，不但能以單靠智力和推理不能做到的方法達到真理，更是贊同神自己。人**接受**神。人說「好的」，不只是對一句**有關**神的宣言而說，而是對那位肉眼不能見、無限的神自己說的。人完全接受那句宣言，不但是因為其中的內容，更是為了說那句話的神的緣故。

很多時我們對信心的看法都受到歪曲，原因是我們過分強調信心所相信的那**有關**神的宣言，並且常常忘記信心其實是與神自己的亮光和真理親密交流。實際上，信心所接受關於屬天權威的宣言、見解，都只不過是人達到屬天真理的媒介。信心的終點不是一句宣言、一串堆砌而成的慣用語句，而是在**神裏面**。

假如我們不是憑信心安躺在神的懷中，而只是停留在見解或慣用語句上，那就難怪信心不能領人進入默觀，反而導致焦躁、吹毛求疵的爭鬧、論戰、糾紛，最終產生憎恨和分裂。

當然，神學可以，也必須，研究啟示的思維內容，尤其是神啟示的真理的遣詞用字，這是沒有錯的。但是再說回來，這並不是信心的最終目的。信心超越字眼和慣用語句，給我們帶來神自己的亮光。

慣用語句的重要性不在於它們本身就是目的，卻在於它們是神把自己的真理傳遞給我們的工具。它們必須保持清晰。它們必須是乾淨的窗戶，以致不會遮擋射向我們的亮光。它們一定不可以歪曲神的真理。因此我們必須盡一切努力相信正確的慣用語句。然而我們亦不要過份執迷於字字正確而從不超越字詞，進到字裏行間所表達那不可言喻的實在。

因此，信心不單是咬著牙定意不顧一切的堅持某種形式的字眼——雖然我們固然必須準備好以生命捍衛自己的信條。但最重要的是，信心張開了內在的眼睛，心靈的眼睛，讓屬天亮光的臨在充滿我們。

最終，信心是開啟宇宙的惟一一條鑰匙。再沒有任何其他方法能夠得出人類存在的最終意義，以及我們所有快樂都賴以為基礎的問題的答案。

第十九章
從信心到智慧

永活的神是神，而不是哲學家的抽象概念，祂處於遠遠超過我們肉眼能見、腦袋能明白的範圍以外。無論你斷定祂有多完全，你都要聲明你的觀念只是神所擁有的完全一個蒼白的比喻，祂並不是你心目中對那個詞語的理解那樣。

祂是無限的光，而祂所顯明的是那麼強烈，以致我們的腦袋只看到祂是黑暗。*Lux in tenebris lucet et tenebrae eam non comprehenderunt*（光照在黑暗裏，黑暗卻不接受光）。〔譯按：約一5〕

假如沒有一件肉眼可見的事物可以是神，或者照著祂的樣式向我們顯現，那麼我們就一定要穿越一切可見的，進入黑暗，方能找到神。既然可以聽得到的沒有一樣是神，所以我們一定要進到靜默，才能找到神。

既然神是不可以想像出來的，那麼我們想像出來一切有關神的，最終只會誤導我們，因此，除非我們超越一切可想像的，進入一個沒有意象、沒有受造物肖像的隱密處，否則就不可以實實在在的認識祂。

既然神是不可以看得見或想像得到的，那麼我們讀到聖人看見神的異象也只是**有關**神的異象而不是神**自己的**異象；因為**看到**任何有限的形體都是沒有看見神。

◆ ◆ ◆

除了神自己就沒有人能了解神。如果我們要了解神，惟一的方法就是設法令自己以某種方式變成祂，以致能夠像祂認識自己一樣認識祂。而且祂不用藉任何自己的圖像認識自己：祂自己無限的生命就是祂對自己的認知，而我們不會像祂認識自己那樣認識祂，直等到我們連於祂的本體。

信心就是踏上這個改變的第一步，因為那是憑著在隱密處與永活的神在愛裏認同油然而生的一種不憑圖像而懂得的認知力。

信心觸動理智，不是單單透過感官，而是靠藏在神直接注入的亮光裏面。由於這亮光沒有穿過肉眼、幻想或推理，其確實便不用罩上任何受造物的外貌、任何可以形像化或描述的樣貌，就能為我們所擁有的。不錯，我們所贊同的信條的用詞都是一些可以想像的東西，然而只要我們加以想像，就會有誤解，就會誤入歧途。最終，我們不可能想像，「在神裏面有三個位格和一個本質」這個觀念裏面那兩個詞組之間的關係。若有人硬要嘗試的話，就犯了一個很大的錯誤。

倘若你相信，如果你向神的權威作出單純的順服、透過祂的教會向外提出某個信條，你就會獲賜內在的亮光；那亮光簡潔得難以形容、純淨得稱之為經歷便會顯得粗俗。但它是真光，以遠遠超越知識的完全促使人的智力更臻完善。

當然，我們必須記著，信心包含接受權威提出的事實的意思。然而，我們不應過分強調這個憑信心順服的元素，以免視之為信心的全部精髓：好比說，只要無情無知而固執地讓意志向權威臣服，便足以成為「信心偉人」。如果過份強調意志這個元素，那麼理性上的信心和意志上單純的順服之間的分別就會變得模糊。在某些情況下，這可以變得十分不健康，因為實際上，如果沒有信心的**亮光**，沒有恩典在裏面照明思緒，讓人接受**來自神**的真理，並因而，可以說，在祂屬天的保證之下把真理實現出來，那麼，無可避免地，思緒便缺少真正的平安；而那平安卻應得到超自然的扶持。這樣的話，就沒有真正的信心，也欠缺了亮光的積極元素。有的是大力壓抑疑問，而不是以深厚的信念張開心眼。若有的只不過是粗暴地抑壓疑問，我們還能假設真的已經得著真正內在信心的恩賜嗎？當然，這是個非常微妙的問題，因為通常在存著最深厚信心、並輔以對神的愛和神的真理之真誠接納的地方，想像及思維卻可能會出現揮之不去的難處。

在某種意義上，我們可以說「疑問」仍然存在，如果我們的意思不是指遲遲不想接納神所默示的教義之中的真理，而是在神可畏的奧祕之前，我們感到心靈軟弱不穩。這倒不是客觀的懷疑，而是主觀地感受到自己的無助，而那無助感與真信心是完全相容的。事實上，我們的信心一面長進，這無助感也一面增強，以致信得愈多的人，同時又會在這個不相宜的感受上，好像比從前任何時間都有更多「懷疑」。但這絕不表示這人在神學上有所懷疑，這只是對出乎本性的不安定感和與之同來的痛苦一種完全正常的體會。

信心的隱蔽正好證明信心的完全。信心對我們的心靈來說是一片幽暗，因為信心遠遠超越了我們心靈的軟弱。信心愈是完全，就愈覺暗淡。我們愈接近神，信心就愈少受到人造的意象和觀念的淡光稀釋。我們的確信隨著這隱蔽增強，但又不是沒有痛苦或甚至物質上的疑惑，因為我們會發覺，在一個自己天賦能力本身不能提供甚麼倚傍的真空裏生存，並不容易。然而，在最深沉的幽暗當中，卻就是我們在地上最能完全擁有神的時刻，因為在那一刻，我們的心靈最能真正不受那些柔弱的人造光捆綁，而那人造光與神的光比起來就是黑暗。在那一刻，我們充滿了祂無限的亮光，雖然理性看到的好像純粹是漆黑一片。

在這個信心最完全的時刻，無限的神自己成為被遮暗了的心靈的光(Light)，並以自己的真理全然擁有之。在這個無以名狀的時刻，深夜轉為白晝，信心化為了解。

◆ ◆ ◆

綜合這一切，信心顯然不只是屬靈生命中的一刻，不僅是踏上另一路途的一步。信心是對神的一種接受，而那正是所有屬靈生活的氣候，是親密交流的開始。信心加深，交流亦隨之加深，於是信心就愈來愈強烈，同時亦發展到影響我們的一切思想行為。我不是說如今我們的一切思想都隱含於某些信仰主義或虔信派的套語之中，反而是說信心為我們所有的理解和所有的經歷提供簡樸和**深邃**的一面。

這深邃的一面是甚麼呢？它是將那未知的和那不自覺的注入我們日常生活裏。信心將那已知的與未知的拉在一起，使它們重疊起來：或者應該說，好讓我們覺察到兩者的重疊。實際上，我們整個生命都是一個奧祕，而我們對這奧祕甚少有意識的了解。但是如果我們**只接受自己能有意識地據理解釋的事**，生活實際上就會被貶抑至最可憐的局限，儘管我們不以為然。(我們從小就接受荒謬偏見的教育，認為只有能夠簡化成合理和有意識的套語的事物，方能真正在生活中了解和經歷。我們若能夠說出一件東西是**甚麼**或者我們正做著**甚麼**，就以為自己已完全明白和體驗那東西。事實上，這言語上的表達——很多時也只不過是說說而已——往往斷絕我們真正的體驗，也遮蔽我們的理解力，而不是增加。)

信心不僅是**闡釋**那未知的，貼上一個神學標籤，歸檔放進一個安全而不用再費心的地方。這歪曲了信心的整套理念。相反，信心以活潑、有力、確實的方式，將那未知的注入我們日常生活裏面。那未知的仍然未知、仍然是一個奧祕，因為不能不繼續如此。信心的作用不是將那奧祕簡化為合乎情理的清晰，而是糅合未知與已知，活活的渾然一體，而我們在其中也愈來愈能夠超越外在的我的局限。

因此，信心的作用不僅是讓我們接觸到「神的權威」所啟示的；不單是教育我們「有關神」的真理，卻甚且是向我們揭示我們自己裏面的未知，只要我們未知和未被發現的自我實在是活在神裏面，只在祂寬大的恩典直射的亮光下行事為人。

我想這正是信心至關重要的一面，卻又是今天備受忽略的一面。信心並非勉強順應，而是**生活**。信心涵蓋生活的每一層面，滲入最神祕最不可及的深處，不單進到我們未知的屬靈生命深處，甚至進到神自己隱藏的本體和愛的深處。因此，信心是開啟現實世界，甚至是我們自己的現實世界真正深處的惟一途徑。除非人因完全相信而答應將自己交給神，否則他仍然無可避免地必須看自己為陌生人，放逐自己；因為他被拒於自己最有意義的生命深處以外：那些深處仍然是隱藏未知的，因為它們太單純、太深入，以至理性無法推想。

即時便引出一個問題：你是指潛意識嗎？在此必須指出箇中的一個區別。我們通常以為自己有一個「在上面的」意識層面，又有一個「在意識以下的」潛意識層面。這種想法是誤導人的。人的無意識**在各方面都淩駕**意識。不但在我們意識的理性之下是幽暗，其實它的上面和周圍四方都是幽暗。

◆ ◆ ◆

我們的意識決不是我們存在的頂峯，也不是高高在上地支配著我們生命的一切。它只能控制在其下面的某些部分。但是我們的意識會反過來被「淩駕」它的潛意識所支配，不管是在上面還是下面。然而，我們的意識應該只受在上面的而不是在下面的潛意識所控制。這就是我們無意識的肉欲(animal)、情緒和本能成分與我們超意識(superconscious mind)的屬靈——幾乎可以説是「屬天」——元素之間的重要區別。

誠然信心實際上將**所有**無意識融入我們生活的其餘部分，但是採用的方法卻各不相同。在我們下面的得到接納(不是單靠任何合理化手段)。只要是神所命定的便得到贊同。信心令我們可以不抗拒自己的肉欲本性，並甘願努力依照屬天的旨意，即是以愛，加以管治。與此同時，信心叫我們的理性服膺於**上面**隱藏的屬靈力量。如此一來，整個人就服膺於在他上面的「未知」。

隱藏在這個超意識的奧祕領域裏面，不但有人屬靈生命的頂峯(那是他理性上一直摸不透的奧祕)，也有神的臨在；因為根據傳統的隱喻説法，神住在這個隱蔽的高峯上。因此，信心引導人觸及自己靈性最隱密的深處，並與在那些深處「臨在」的神有所聯繫。

希臘教父的傳統神學為人的一靈之三方面想出三個名稱。那無意識、在理性以下的，稱為女性意向(*anima*)或心靈(*psyche*)，「動物」的魂(the "animal" soul)，屬直覺和情緒的領域，是無意識行為領域，人在其中是心理與生理兼具的生物。這**女性意向**被視為人心裏一種陰性或被動的本質。

跟著是理智，那開明的、自覺的、主動的本質，那男性意向(*animus*)或理性(*nous*)。在此，心思被視為陽性的本質，是透過深思熟慮來管治、推斷、引導我們行為的才智；作用是指揮和命令那陰性的本質、那被動的女性意向。女性意向是夏娃，男性意向則是亞當。藏於人人心裏的原罪所帶來的後果，就是夏娃引誘亞當，亞當便放棄自己的理智而屈從夏娃一時的盲目衝動，自此以後人就常常被激情反應的無意識行為管轄、受條件反射支配，而不是由思想和道德原則掌管。

然而，人真正的光景並不單單是女性意向被男性意向掌管，不單是陰性與陽性。還有一個更高的本質，超過陰陽、主動被動、審慎直覺之間的分野；在它裏面，這些相對的都雙雙在神裏面連接起來，而且超越自己。這個更高的本質就是氣（*spiritus*）或元氣（*pneuma*），它不僅是人本性裏面一件東西，卻是人自己，他已被神整合、甦醒、啟迪，並且提升到超越自己。

人長成的身量就在「靈」（"spirit"）或元氣裏找到。人不能算是完全的人，直等到他與神成為「一靈」。人若同時是女性意向、男性意向和氣，他就是「靈」。但三者是不能以數字區分的。他們是一個整體。如果他們合而為一、秩序井然、卻又各自保持自己當然的素質，那麼人就得以照著聖三位一體的樣式重組。

那時，「屬靈生命」就是完全均衡的生命；身體與其熱情和直覺、心思與其智力和對原則的順服、靈與其從神的光和愛而來的被動的亮光，合而成為一個完整的人，住在神裏面、與神一起、從神而生、為神而活。在這一個人裏面，神是一切的一切。在這個人裏面，神毫無攔阻的成就自己的旨意。

◆ ◆ ◆

我們很容易看出，純粹煽情的敬拜、單憑本能的生活、狂歡宴樂的宗教，都算不得是屬靈生活。但是，只求合理，思想要有意識、活動要由理性推動的人生，也不是十足的屬靈生命。現今的世代尤其有一個典型的錯誤，就是將人的靈性簡化至只剩下「智能」，並且將整個靈命單單規範於理智思想之內。因此屬靈生活就被貶為有關「思想」的事宜——以言語表達、據理說明等等。但這種生活是截短了的、是不完整的。

真正的屬靈生活既不屬於縱酒狂歡一類，也不是講究理智澄明一族：卻是超越了兩者；是一種有智慧的生活、一種有睿智的愛的生活。在至高的智慧本質——神的智慧（*Sophia*）裏，神裏面一切屬於未知的偉大與威嚴，與祂的造物裏面一切的豐富與母性，都合而為一，不可分割，成為父性及母性的本質、自存的父與受造的母智慧（Mother-Wisdom）。

信心向我們展現這個更高層面的合一、力量、光明、智慧的愛。在那裏不再有理性本能所提供的有限和零碎的亮光，有的是一體和完整的真理，在神的智慧（*Sapientia* 或 *Sophia*）的整全中將萬物歸於自己。聖保羅說愛完全了律法〔譯按：出自羅十三10〕，又說愛救我們脫離了律法〔譯按：引伸自羅十三10〕，他的意思是基督的靈將我們歸入基督裏面，而基督本身是「神的能力和智慧」〔譯按：出自林前一24〕，以致基督自己從此成為我們自己的生命、亮光、愛和智慧。我們圓滿的屬靈生命是活在智慧中的生命，活在基督裏的生命。信心的黑暗在智慧的光中結出果子來。

第二十章
傳統與革命

教會最吊詭之處在於，她基本上既傳統亦富革命性。不過實情卻不是表面看來那麼吊詭，因為基督教傳統與所有其他傳統截然不同，它是活生生、恆久不絕的變革。

人類的各種傳統都趨向停滯不前，衰落凋零。它們企圖使不可能永存的東西持續下去。它們戀棧那些時間會毫不留情地毀滅的目標和價值觀。它們囿於一個事事因情況而異和注重物質的層次——風俗習慣、時尚風氣、作風態度 —— 在在都難免變改，被別的東西取代。

雖然教會內存有強大的人為保守因素，但也不應掩蓋一個事實：基督教傳統有超自然的根源，絕對與人為的傳統主義相對立。

天主教的活潑傳統好像身體的呼吸一樣，依靠排斥滯止來更新生命；是一個抗衡死亡的恆久、安靜、平和的革命。

就好像呼吸這個身體動作，將靈魂與那本質必然趨向腐敗朽壞的肉身保持連結一樣，天主教傳統也在物質、社會及人的因素之下維持教會的生命，而只要教會仍然在世上，這些元素就會包圍著教會的外殼。

天主教傳統之所以是傳統，原因是基督教只有一個活生生的教義。基督教的整套真理已經完全剖明：只是未得到完全了解和完全活出。教會生命就是神自己的真理，由祂的靈吹入教會裏，而且再沒有其他的真理能接替取代。

惟一能夠取代如此認真生活的，是一種較次等的生活，一種死亡。人一直不斷想離開神，避開這活生生的傳統；要扭轉這個趨勢，只有回歸傳統，更新和深化那從開始已經注入教會、惟一不變的生命。

不過，這個傳統必須永遠是革命性的，因為根據其本質，它否定了人類欲求所緊緊依附的價值觀和標準。對那些戀慕錢財、歡愉、名譽、權力的人，這個傳統說：「做個貧窮人，下到社會最低階層，做人間最低賤的人，跟那些被藐視的人同住，愛和服事別人，而不是要別人服事自己。別人欺負你時，不要還擊，卻要為那些傷害你的人禱告。不要尋歡作樂，卻要避開那些滿足自己感官和思想的東西，如饑似渴地在黑暗中尋找神，穿越那看來只有瘋子才會走進去的心靈沙漠。擔起基督的十字架，即是基督的謙卑、貧窮、順服和捨棄，你就會找到心靈的平安。」

在人們曾經宣講的信息之中，這是最徹底的革命：事實上，這是惟一真正的革命，因為所有其他的革命都要鏟除別人，但這個革命卻意味著那個因實際理由已被你當作是自己的人的死亡。

◆ ◆ ◆

革命被視為將一切完全扭轉過來的改變。但政治革命的意識形態除了外表之外，永遠不會改變甚麼。暴力會發生，權力亦會由一個黨轉到另一個黨手上，但等到塵埃落定，所有屍體都埋到地下之後，情況基本上會跟從前一樣：一小撮強人當道，為了自己利益而剝削大眾。他們的貪婪、殘忍、欲念、野心、貪財、虛偽，都會跟從前一樣。

因為人的革命不能改變甚麼。惟一能夠真正推翻人不公不義的影響，就是注入基督教傳統的能力，叫我們重新分享那生命，也即是人的光。

對那些從未親身經歷過基督教真理這革命性一面的人來說，這番力本論(dynamism)聽起來荒謬可笑，他們只看到那好像藤壺附在船身上一樣、繞著教會形成的一層死實實、人為的保守主義外殼。

每一個基督徒和教會每一個新時代，都要重新作出這個發現，重返基督徒生命的根源。

所要求的是一個捨棄的基本行動，承認需要在別人的引導下，踏上尋求神的路。只有犧牲才能換來這個承認，而最終只有神的恩賜才能教我們懂得辨別，甚麼是教會有時因本身的人性結構而養成的禮節俗套的枯乾外殼，甚麼是惟一真正的天主教傳統、屬天生命的活潑內在湧流。

◆ ◆ ◆

不了解教會的人會被教條的概念嚇怕。他們想像不到宗教信條可以用一個清晰、明確、權威的宣言來表達，而又不會即時變得僵硬、固步自封、一潭死水、了無生氣。他們驚惶失措，急於逃避任何這一類的概念，於是躲進一個含糊不定的信仰系統裏面；在那個系統裏，真理像輕煙飄過，像影兒搖擺變幻莫測。他們在這蒼白模糊的朦朧感知當中，自己挑選個人的幽靈。他們小心翼翼地永不將這些抽像概念揭示於太陽的強光之下，因為他們恐怕這樣會全然暴露他們的空洞單薄。

他們給予天主教神祕主義者一種同情的尊重，因為他們相信這些稀有的人不知怎的能夠無視天主教教條而攀至默觀的頂峯。他們認為這些人與神深入的結合本是逃避教會的教導權威，而且是對教會權威的含蓄抗議。

但真相是，聖人之得到最深邃、最要緊、也最個別、最私人的屬神的知識，正正是因為教會的教導權柄，也正正是透過那權柄所保衛和發揚的傳統。

邁向默觀的第一步就是信心；而信心的起步就是贊同基督藉著教會提供的教導；*fides ex auditu, qui vos audit, me audit*（信道是從聽道來的。聽從你們的，就聽從我）。〔譯按：路十16；羅十17〕

光照天主教默觀者心靈的並不是教條定義乾巴巴的詞組本身，而是該定義的內容得到默觀者的贊同，而這贊同又深化擴闊為對該定義所表達的超自然真理的一個重要、個人、不能傳達的參悟——一個聖靈賜予的了解；這了解漸漸融入愛的智慧 (Wisdom of Love) 中，在真理無限的實體、神自己裏面擁有真理。

天主教信仰的教條並不僅僅是符號或籠統的理論，我們接受它們為隨意的刺激點，讓良好的道德行為環繞著它們而形成或養成——更不真確的想法是，任何理念都可以像那些經已訂明的理念一樣合用，任何古舊的宗教思想都可以在我們心靈中挑起這種曖昧不明的道德生活。教會所訂定和教導的信條擁有非常清晰、積極、明確的意思，那些期望過完整的屬靈生活而又得著恩賜這樣做的人，就必須探索、參透這個意思。因為明白信條就是通往默觀最接近而又正常的途徑。

每個有能力這樣做的人都應該修煉一下神學家鑒賞信條真義的精確和敏銳。每個基督徒都應該按自己的狀態盡量深入理解自己的信念。這即是說，人人都應該呼吸正統傳統的清新空氣，並能夠以正確的詞彙解釋自己的信仰——而且是含有真實理念的詞彙。

不過，真正的默觀並不是動腦筋便能達到的。相反，專業神學家所關注的重重學術細節每每叫人迷惘，不知何去何從。但是神卻賜予真正的神學家一種因謙卑而產生的渴慕，是套語和論據所不能滿足的，而所尋求的東西是較比擬所帶給你的更接近神。

這種靈裏祥和的渴慕戳破話語的表層，超越人以公式代表奧祕的範疇，在靜默無言、思維上的獨處、內在的貧窮等屈辱當中，尋求超自然理解力的恩賜；那理解力的重要是語言不能真確彰顯的。

它超越苦苦爭辯的努力，在信心中找到安息，又在話語的噪音之下領悟真理，不是因定義明確清晰，卻是在一次直覺平靜的朦朧之中，將所有信條結合成一束單純的光，自神的永恆直照進心靈之中，沒有人為觀念作媒介，沒有符號、語言或實物肖像的干預。

於此，真理不單是那位我們認識和擁有的，也是那位認識和擁有我們的。於此，神學不再是一大堆抽象概念，卻成為一個活生生的現實(Living Reality)，就是神自己。而且在我們將自己生命完全獻上之中，祂向我們顯示自己。於此，真理之光並不是為我們的智力而存在的東西，卻是那位所有心靈都在祂裏面存在並為祂而存在的，而且，直等到我們經已淩駕神學家的語言和各個概念，神學才真正開始成為神學。

這就是為甚麼聖多瑪斯未寫完他的《神學大全》(*Summa Theologica*)便頹然擲筆歎喟：「都是禾稭。」

不過，當默觀者經歷神之後，從那個單純的經歷的深處歸來，並嘗試向人述說時，他就一定再次受制於神學家，他一定力求所用的言語能達到形成天主教傳統的那種清晰、獨特和準確。

因此，要慎防那從來不費心機讀點神學便說神學都是禾稽的默觀者。

第二十一章
基督的奧祕

正如放大鏡把太陽光結聚成一個小小熾烈的熱能結，足以令乾葉或紙塊著火，福音書裏基督的奧祕將神的光和火集中於一點，叫人的靈燃燒起來。這就是為甚麼基督降生、活在世上、受死、從死裏復活、升天回到父的懷中：*ut dum visibiliter Deum cognoscimus, per hunc in invisibilium amorem rapiamur*（以致我們既以肉眼能見的方式認識神，也可以在肉眼不能見的東西中努力追求這種愛）。基督透過道成肉身的鏡片，把祂屬天的真理和愛結聚在我們身上，令我們感受到那份熾熱，而一切神祕經歷都藉著神人基督 (Man Christ) 傳遞了給人。

因為在基督裏，神成為了人。在基督裏面，神和人不再分開、不再生疏，而是不可分離的一體，不會混淆但又不能分開。因此在基督裏，一切屬天和超自然的都變得可及，每個女人所生的、每個亞當的兒子都可以在凡人的層次觸及。如今那屬天的在基督的愛裏變成是我們固有的，以致倘若我們接受祂、友愛地與祂結連，祂既同時是神又是我們的兄長，就會賜我們屬天的生命，而那生命是我們凡人現今就可以擁有的。我們既與基督和祂的眾弟兄相像，就得著神的兒女的名份。

神處處都在。祂的真理和愛充滿萬物，就好像太陽的光和熱瀰漫空氣中一樣。然而，正如太陽光自己不會令任何物體著火一樣，若是沒有基督，神也不會用超自然的知識和經歷的火觸動我們的靈魂。

然而人子 (Manhood) 的鏡片尋找那些準備好的心靈，他們被神的光和溫暖弄得乾乾爽爽，隨時可以在那小小火結裏，即是聖靈的恩典裏，燃點起火焰。

通往默觀的正常途徑是一個在基督裏的信念，一個經過認真思考基督的生平和教訓而產生的信念。但是雖說我們所有對神的經歷都是透過基督而來的，卻不表示每個默觀者都一律是透過基督而進到默觀，因為基督也會存於我們的**想像**中。想像只是將信仰目標常存心中的其中一個方法。我們無須常常強迫自己依照心目中認為基督應有的樣貌來想像祂的樣子，因為事實上沒有人能夠肯定祂有**怎樣**的樣貌。

昔日的屬靈作家曾經把這弄成一個大難題，儘管很難看得出究竟為甚麼會有問題。對基督的信心，以及對祂的生命和死亡的信心，是基督徒生命的基礎和一切默觀的源頭：對此不可能有異議。沒有人能夠托辭自己已經藉更高的默觀進到與聖道 (Word) 直接交通，而將神人基督摒於內在生命以外。因為神人基督就是神的聖道，雖然祂的人性並非祂屬天的本性。但兩者在一個位格(One Person)裏面結合，成為一人，以致神人基督是神。

◆ ◆ ◆

這個假想「問題」:「人在默觀中應否放棄基督的人性從而直達祂的神性？」是由於對教條的了解過分膚淺而起。因對神學無知而害慘了內在生命的芸芸例子裏面，這正好是其中的一個。不是說人要成為默觀者就必須清楚了解神人合一是甚麼一回事。但是如果有人想將教條式套語引進自己對內在體驗的解釋中，這些套語最好引用得正確，不然那個體驗本身就被歪曲、變得不可靠。

聶斯脫利派(Nestorian)異端源起於人不能看到基督裏面的兩個本性，屬天本性與屬人的本性，而不是兩個分別存在的生命。所以，聶斯脫利派信徒認為基督不是一個位格、既是神又是人，而是兩個生命、是神和「一個與神聯合的人」。

倘若在默觀之中，我們如此將基督的人性和神性分開，「越過人性」而「在神性裏安息」，就會將基督分為「一個人」("A Man")和「一個屬天位格」("A Divine Person")，而在現實裏，神與人在祂裏面是位格上的合一，是完全不可分割、不能分開的。

聶斯脫利派的弱點在於將本性等同位格。但基督徒的默觀卻是極度高舉人格主義的。我們對基督的愛和認識並不止於祂的人**性**或神**性**，卻是止於祂的**位格**。只為著祂的**一個本性**而愛祂，就好像為了金錢或好宴樂的性格而愛一個朋友一樣。我們愛基督，不是因為祂有些甚麼，而是為了**祂是那一位**。

基督有「甚麼」遠遠不及祂是「那一位」來得重要。「有甚麼」或許想像得到，或許不；但是我們藉著恩典和愛**直接**和**即時**認識「那一位」——那神祕、不可名狀的一位神，不用意象（若你喜歡用也可以，但那就會變得不那麼直接），不用推論。基督徒大愛（*agapé*；仁愛）真正的奧祕就是聖道的位格臨在我們中間，賜我們這能力——與祂有直接而單純的接觸的能力；接觸到的不只是一個**物體**、一個見得到或者想像出來的「東西」，而是愛裏超主觀的結合，不是將客體連於主體，而是**兩個主體同處一個感情的結合裏**。因此可以說，在愛裏我們心中能夠體驗那位親愛的的內心私人祕密。基督已經向我們伸出友誼之手，好能以這個方式，作為個人的臨在而不是**物體**，不是作為「甚麼」而是「那一位」，入住我們的心。因此，那自有永有的祂以朋友的身分，也以我們另一個自我的身分，臨在於我們生命深處。這就是聖道住在我們裏面的奧祕，憑藉的是祂道成肉身和將我們收入祂奧祕的身體（教會）裏。

聖道基督在我們心靈中親自臨在就是我在上文所提及的祂的「使命」。

◆　◆　◆

給予我們超自然生命的是信心，不是想像力；是叫我們稱義的信心，引領我們進入默觀的信心。「義人必因信得生」〔譯按：出自羅一17〕，不是靠想像力得生；想像力只是偶然介入。倘若你需要以想像來提醒自己你所信的基督，那就即管運用你的想像力吧。但是如果你能夠運用你對祂的信心而不用常常費神想像出一些關於祂的畫面，那就更加好：你的信心就會更單純、更無瑕。

◆　◆　◆

對某些人來説，反躬自省，尋找幻想之中的一幅基督的簡單意象，是易如反掌的，而且這是禱告一個容易的開始。不過對其他人而言，這樣做並不順利。相反，他們所要花上的心力會使他們腦袋充滿難題和紛擾，難以祈禱。然而同時間，單是耶穌的名，或者對基督模模糊糊、不經分析的看法，便足以保持他們的信心完完全全沉浸於對基督單純親愛的意識中；基督藉著祂自己的愛和祂屬天的使命實實在在的臨在我們心靈中。

這充滿著愛的意識比任何單靠自己內在感官而想出來的東西都更真實更有價值，因為我們想像中的耶穌意象始終只是一個意象，而祂的恩典在我們心裏產生的愛卻能夠引領我們直接與祂真實的本體接觸。耶穌藉著祂旨意的一個直接而個人的效應，親自促使這愛在我們裏面萌生。當祂用自己的愛撫摸我們的心靈時，祂對我們的影響就比一件物體對我們的眼睛或其他感官所產生的影響還要直接密切。再說，我們默想耶穌、反思記憶中的耶穌影像，惟一的真正原因是預備好自己憑著愛與耶穌作這種更親密的接觸。因此，當祂的愛在我們裏面燃燒時，就當然不再一定需要用上我們的想像力。有些人或許會喜歡用，有些人卻不，而另外一些人又會無選擇地用或不用。有助於你的，儘管用；妨礙你的，要避開。

◆ ◆ ◆

每個人心目中的基督都是有限和不完整的，是根據自己的大小剪裁而成的。我們通常以自己的形像替自己塑造一個基督，將自己的抱負、渴望和理想形像化；我們在祂裏面找到我們想得到的。我們不但看祂為神的化身，也看祂為我們、我們的社會，以及我們那階層的人當時為之而活的東西的化身。

所以，雖然完美境界包含了效法基督和在生活中再現基督，那確是真的，但是單單效法我們想像中的基督卻並不足夠。

我們讀福音書，不僅是希望得出一個基督的圖像或概念，而是想進入去，穿過啟示的話語，藉著信心與基督建立生命的接觸；基督就是居住我們心靈中的神。

讓基督在我們裏面成形並不是單靠自己努力便可以解決的問題。問題不是要研讀福音書，然後致力實踐概念，雖然我們也應該那樣做；問題卻是在於要完全服從聖靈，常常活在恩典的引導之下。

因為如果我們倚賴自己的概念、自己的判斷、自己的努力去仿造基督的生命，就只會是表演某類虔誠的啞謎，最終把遇見的人都嚇怕了，因為那演出是那麼生硬造作、那麼無趣乏味。

我們一定要由神的靈教導我們基督是誰、讓基督在我們裏面成形、將我們轉化為另外一些基督。畢竟，轉化為基督並不是個人的事：基督只有一位，不是多個。祂不是分裂了。對我來説，成為基督就是進入整全的基督 (the Whole Christ) 的生命、由頭 (Head) 和肢體組成的神祕身體 (Mystical Body) 的生命、基督和所有由祂的靈收入祂名下的人的生命。

基督藉著恩典和信心，在所有愛祂的人心靈中讓自己成形，同時又吸引他們在自己裏面聚合，使他們在自己裏面合而為一。*Ut sint consummati in unum* (使他們在合一裏變得完全)。

而聖靈是這一體的生命，祂住在整個身體 (Body) 裏，也住在每個肢體裏，以致整個基督是基督，而每個人也是基督。

因此，倘若你想心中有基督在世上時所擁有的感情和性格，不要參考你自己的想像，要求問信心。進入內在捨棄的幽暗之中，清除靈魂裏的意象，讓基督藉著祂的十字架在你裏面成形。

第二十二章
活在基督裏

活在「基督裏」就是活在一個奧祕中；那奧祕與道成肉身相等，也與之相似。正如基督將神和人兩個本性在祂一個位格裏面結合，祂也因以我們為朋友而住在我們裏面，將我們與祂自己親密地連結。祂住在我們裏面，彷彿成為我們優越的自我，因為祂已將我們內心最深處的我與祂連結、認同。從我們以信心和仁愛回應祂的愛那一刻開始，我們的心靈與祂住在我們裏面那屬天的位格產生了超自然的結合，讓我們有分於祂屬天的兒子名份與本性。一個「新生命」誕生了。我成為一個「新人」，而這個新人同時既是基督也是我，屬靈而神祕地同持一個身分。在信徒心目中，新約聖經的語言和教會教導的解釋是：我的生命與基督結合成為一個「新人」，這個屬靈結合，是聖靈、愛的靈、基督的靈的工作。

在聖道的一個位格裏，在基督裏，兩個本性的結合，是一個實體完美及牢不可破的結合，是本質在一個永遠存在、有位格的實體、永恆的神裏面的結合。我的靈魂與神在基督裏結合，並沒有這種實體或不可分開的特性。那結合反而是非本質的結合：但又不僅是道德上的結合，或者心意上的共識。基督徒與基督的結合不只是在喜好和感受方面相似、思想意志一致，更擁有較激進、較神祕及超自然的素質：是神祕的聯合，基督在其中成為我裏面屬天生命的源頭和本原。借用一個以聖經為根據的隱喻，基督將祂的靈賜給我，從而將祂的力量「吹進」我裏面。我們借用一個比擬：自然呼吸隨著每個動作而時刻不斷更新我們的肉體生命，聖靈對在基督恩典裏的心靈不斷更新的使命也與這相似。聖靈的奧祕就是無私的愛的奧祕。我們在祕密的愛的「感動」下領受了祂，我們又出於仁愛而把祂送給別人。因此我們在基督裏的生命是既領受也施予的生命。我們在聖靈裏從神領受，也在同一位聖靈裏藉著弟兄姊妹以我們的愛回饋神。

◆ ◆ ◆

倘若我裏面有這個屬天的生命，那麼苦痛與歡愉、希望與恐懼、喜樂與憂愁等際遇又與我有甚麼關係呢？那些都不是我的生命，與我的生命也沒有甚麼關係。為甚麼我要怕一些不能將神從我生命中奪去的東西？為甚麼我要渴望得到一些不能讓我擁有神的東西？

外在的東西來來去去，但為甚麼它們會令我不安？倘若我只活在神賜予我、入住我心內的生命裏面，為甚麼喜樂叫我興奮、憂愁叫我沮喪，成就使我快樂、失敗使我消沉，生命吸引我、死亡惹我反感呢？

只要我擁有一個不會未得我同意便失去的屬靈生命和身分，我為甚麼還要擔心會失去一個不管如何都必然無可避免會失去的肉身生命呢？既然我已經成為我本應就是的那個人，我為甚麼還要害怕不再做那個我不是的人呢？既然我已經在神永恆的喜樂中擁有神，為甚麼還要千方百計務求擁有那為時不到一小時，而且隨後會帶來痛苦的滿足呢？

擁有這生命和這喜樂是世上最容易的事；你所要做的只是相信和愛；但是人們卻浪擲一生，在駭人的勞苦、困厄和犧牲中打滾，為的是得著那些令人無法實實在在過活的東西。

這是罪引進我們心靈裏的大矛盾之一：我們要傷害自己才能約束自己不要為著一些苦毒不快的事而徒勞，我們又要迫自己好像很無奈地選取那輕易和充滿快樂的事，因為對我們來說，阻力最少的路線就是通往最大苦難之途，而有時一件我們要做、本來是非常容易的事，卻可能成為世上最艱難的事。

◆ ◆ ◆

靈魂好像一團團等待蓋印的蠟，它們本身沒有甚麼身分特徵。它們的命運就是在這生裏面被軟化，受鍛煉，到死的一刻，根據神的旨意，照著自己酷似神在基督裏的形像的程度而領受印記。

這就是被基督審判的芸芸意義的其中一個。

那熔化在神的旨意裏的蠟，很容易接受自己身分的印記，就是原本應有的面貌的真相。但如果蠟又乾又硬又脆又沒有愛，就接受不了印記：因為當那堅硬的印打下去時，就會將蠟壓成粉末。

所以，如果你窮一生逃避原本要來軟化你、鍛煉你成為真正的你的那團火的熱力，如果你盡力不讓自己的實質熔在火中——彷彿你真正的身分就是堅硬的蠟——最終那印會落到你身上，把你壓碎。你不能用自己的真姓名和容貌，你會遭那原應是你生命臻至完善的那個經歷摧毀。

◆ ◆ ◆

修煉默觀的神職人員，作為神甫和作為感恩祭中的祭品，會感到與基督存著一種深入而引人入勝的結連——以致彌撒儀式會一直在他心內進行不絕，不單是他在聖壇上的時候如此，他下了聖壇之後，以及在日常的不同時刻，均是如此。

我未做神甫之前已經會這樣寫，因為當我只是擔任助祭、跪在聖壇旁的時候，就已略有此意識。擘碎了的聖體盛在聖餅碟中。然而，你擁有祕密這個事實卻令你與救主認同，與周遭進行的事一致。你只是留在原位觀看，就可以不用字句或明確的思想便能在心內達到這個境界。

在那裏，就像相片顯影一樣，基督叫你的生命漸漸長進，成為祂自己。

接著，不管你走到哪裏也追隨著你的是一堂連續無間的彌撒，一種深沉而迫切的認同感，認同一個規模和重要性均難以理解、聚焦於自己靈魂中心的行為；而且在你日常生活的一切境遇中，都會暗中鍥而不捨地要求你加以協調同意。

這真理是那麼了不起，以致不曉得為甚麼會變得平平無奇。無法表達。純粹是私人感覺。也不那麼想告訴甚麼人。亦不關任何人的事。

甚至叫人分心的職責和工作也不能加以干擾。你會不斷發現這位不具名的同謀(anonymous Accomplice)像一把深而平和的火在你裏面燃燒。

也許你不會能夠完全識別這種臨在和這在你裏面不斷進行的動作，除非剛巧在聖壇上正式在你面前出現：但即使如此，最少你會在擘餅時朦朦朧朧的認出那位昨天和前天都陪伴著你的陌生人(Stranger)。日常工作的一些小事讓你想起基督——那位常常在你裏面居住、作工、獻祭的基督，你的心便在你裏面炙熱起來，那時你會好像往以馬忤斯路上那兩位門徒一樣，領悟到那是多麼相稱合宜的事。

◆ ◆ ◆

活在基督裏就是活在十架的奧祕中。不僅是隱藏地超自然地參與永恆中的屬天生活，而是介入屬天的奧祕之中，一個**神聖的行動**：神自己進到時間之中，與那些回應祂的呼召並聯成神聖會眾(教會)的人合作，作成救贖人類之工。

我們在很大程度上已經失去了犧牲感。今天，還有人稍稍想起犧牲觀念的地方，似乎也只保留了一小部分的真義。一般人，甚至基督徒，每每認為犧牲不過是一種道德行為、虔誠的表現或善行，標誌著一種特別的困難。因此，犧牲是一件既困難又「要付代價」的「善行」。隱含的意思似乎是：犧牲是件**主觀**而**困難**的事。

相反，真正的犧牲觀念卻是頗為客觀的，而附加的困難或痛苦並不是基本元素，除非我們軟弱墮落的本性與屬天的旨意有所衝突。按理，完全的犧牲沒有理由不可以同時是無痛的：一個純潔的敬拜舉動、一闋我們以欣喜若狂的平安向屬天的榮耀高歌的聖詩。

犧牲是一個**客觀地神聖**的舉動，基本上具有**社會**特性，重要的與其說是隨之而來的痛苦或困難，不如說是其**意義**，**神聖的意義**，不只傳遞一個概念，而是在敬拜者心裏**產生屬天和虔誠的轉化**，因而將他分別為聖、與神更緊密地結連。

十架的奧祕，救主贖罪的死和復活的奧祕，每天都在聖餐的獻祭、一般稱為「彌撒」之中一再更新。倘若有一個舉動是客觀地神聖的話，這個就是了：神的兒子為了人的罪而在十字架上以受害者的身分獻出自己的犧牲舉動。這個舉動雖然神祕，實際上卻是由教會藉著她任命的神職人員，在其他助理和信眾協助下，表現出來。一般來說，彌撒本身沒有甚麼會導致神職人員、助理或在場的任何人受苦。當然，偶爾有人會要特別早起，或長途跋涉，或克服別些障礙，才可協助彌撒：這主觀困難固然造就人在聖餐的屬靈參與上更見純潔，但仍然是外在偶然的因素。

每台彌撒都有一個社會特性，即使只有助理在旁協助。理想地說，彌撒的社會特質應該由在場的所有信眾積極參與禮拜儀式而表現出來，而正常的參與形式是唱頌彌撒，信眾在其中唱出儀式中的顯著部分，並加以了解，又專心聆聽詩歌班和聖職人員所唱和所講的。領受聖餐就是正常的全然投入犧牲之中。

因此，基督徒明智地參加彌撒就是參與一個神聖、客觀、社會性的舉動，基督在其中以主要敬拜者、大祭司的身分無形地臨在，代表祂的是聖壇上有形的神職人員。然而不但如此，基督還以更親切和神祕的形式臨在：餅和酒經神甫分別祝聖，象徵基督的身體和寶血以祭品形式真實地臨在，並由神甫代表信眾獻上。

教會的聖餐儀式同時擁有神祕的和宇宙性的意義。信眾同領救主的身體和寶血不但將他們連於基督，形成一個聖餐禮的神祕結合，還使他們在基督徒的仁愛中和在聖靈裏彼此合一。為了彰顯這合一的重要意義，聖餐靠著基督的恩典亦結出它所象徵的果實。

聖餐宇宙性的一面是從獻給神的獻禮之本質聯想而來的。餅和酒，地的出產和人辛勞的收穫，轉化為基督的身體和血。受造物整體，以至人一切合理自然抱負所推動的勞動，因此而在某程度上得到提升、祝聖、轉化。整個世界同聲頌唱榮耀詩歌，讚美造物主和救主。這就是完美的祭。

第二十三章
披戴日頭的婦人

所有關於聖母馬利亞的著述，對我來說，都證明了她的聖潔是最隱藏的聖潔。有時，人們講及她的言詞告訴我們關於他們自己多過關於聖母馬利亞。因為既然神甚少向我們透露她的事，所以那些對她是誰和她是甚麼人都一概不知的人，試圖在神告訴我們關於她的事上面增添些甚麼的時候，就會不期然表露了自己。

而我們對她的認識只會令她的聖潔真正的特性和素質看起來更為隱密。我們相信，在她兒子基督的聖潔以外，她的聖潔是完全的聖潔，而基督是神。但我們對於神的聖潔的理解只是漆黑一片。不過聖母馬利亞的聖潔在某程度上比神的聖潔更隱祕：因為最少祂告訴了我們一些關於祂自己的事，而且用人類語言表達時是客觀地令人信服的。但是至於聖母馬利亞，祂只告訴我們幾件重要的事情——即便如此，我們還未能夠完全明白其中的意思。因為祂所告訴我們有關她心靈的事只能歸納為：完全充滿受造最完美的聖潔。但是箇中的細節，我們就不能確實知道了。因此我們確切認識她的另一件事就是她的聖潔是最為隱密的。

然而，假如我也藏在神裏面，那個她也隱藏其中的地方，我就能夠找到她。分嚐她的謙卑、隱藏、貧窮，她的隱匿和獨處，是認識她的最好方法：這樣子認識她就是尋得智慧。*Qui me inveniet vitam et hauriet salutem a Domino*（找到我的，就找到生命，並得到主的喜悅）。

◆ ◆ ◆

在實際生活中，基督的聖母這個人乃是所有聖徒的所有貧窮和所有智慧。這都是透過她而傳給他們的，也都存在她裏面。所有聖徒的聖潔都是分享她的聖潔，因為根據神所設立的秩序，神命定一切恩典都透過馬利亞臨到人們。

那就是為甚麼愛她、認識她就是發掘萬事萬物的真正意義、就是獲取一切智慧的途徑。沒有她，就只能憑推測認識基督。然而在她裏面，認識基督就成為體驗，因為那些缺少了就不能認識基督的一切謙卑和貧窮已經全部賜了給她。她的聖潔是那只有基督才聽得見的靜默，而透過她的默觀，神的聲音成了我們的體驗。

那些我們缺少了就不能被神充滿的倒空、內心獨處和平安，神都賜了給馬利亞，好叫她能夠成為一個完全純潔、完全靜默、完全安寧、完全平和、緊守完全謙卑的人，招待基督入住己身，迎接基督到世上來。假如有一天我們能夠令自己不存一絲世界和自己情欲的噪音，那是因為神差她來就近我們，將她自己的聖潔和隱藏特性與我們分享。

◆ ◆ ◆

在所有聖徒之中，只有馬利亞一人在每一件事上都舉世無雙。她集所有人的聖潔於一身，卻又不像其中任何一個人。但是我們仍然可以說自己與她相似。這個與她相似的地方不但值得渴求——更是最值得我們渴求的一個人的素質：而那是因為她是所有受造物中最完完全全重現神的樣式的人；那樣式是神命定要在我們所有人中或多或少都要見到的。

無疑，我們必須談談她的特殊榮幸，好比那些榮幸可以用人類語言理解、以人類標準衡量。最適當的做法是，談到她時要當她為女王看待，好像你曉得說她擁有一個高於所有天使的寶座是甚麼意思。但這不應令人忘記，她最高的特殊榮幸是她的貧窮，她最大的榮耀是她是最隱藏的人，而她所有的權力都源於她在基督、在神的面前是微不足道的。

天主教徒往往都忘記了這一點，所以非天主教徒常常完全誤解天主教徒對聖母馬利亞的熱誠，這並不足以為奇。他們以為天主教徒當聖母馬利亞本身差不多就是一個神聖的存有，彷彿她本身就有一些榮耀、一些權力、一些自己的威嚴，使她處於與基督同等的地位。他們視聖母升天為把馬利亞神化、封她為王后完全是將她尊為神。因此她在救贖中的地位看起來與她的兒子相等。但這與天主教教會的真正思想完全相反。它忘記了馬利亞的主要榮耀來自她是個微不足道的人，在於她是「主的**使女**」〔譯按：見路一38〕，她在成為神的母親的過程中，單純地以愛順服祂的命令、純粹憑信心聽命。她蒙福不是由於某些神祕的、假的神聖特權，卻是在於她帶著所有凡人和女人的掣肘而**做個相信的人**。這位「充滿恩典」、卑微的使女的信心和忠貞令她成為神完美的器皿，而且除了做神的器皿以外甚麼也不是。做在她身上的純粹是神的工作。「那有權能的，在我裏面成就了大事。」〔譯按：譯文跟和合本路一49稍有不同。〕馬利亞的榮耀純然單單是神在她裏面的榮耀，她像其他人一樣，沒有甚麼不是藉著基督從神領受得來的。

事實上，這正正是她最大的榮耀：自己一無所有，沒有保留一分一毫自己可以引以為榮的「自我」，她讓神的憐憫通行無阻，也絕不抗拒神的愛和旨意。因此她從神領受的比任何聖徒都多。祂能夠在她身上完完全全的成就自己的旨意，而且馬利亞心裏沒有一丁點兒自私自利，所以神的自由完全沒有受阻或脫離目標。她從前是、如今也是最高意義上的人，正正是因為她既是「始胎無玷」("immaculate")〔譯按：天主教信條，謂聖母馬利亞自懷胎之始即無原罪，引自《牛津英漢雙解詞典》〕，就無絲毫自私自利的污點，遮蔽神在她生命裏的光。於是她成了一種完全服從神的自由，而在這順服裏面，完全的愛得到成全。

◆ ◆ ◆

天主教熱愛馬利亞的真正意義可以在道成肉身的亮光下看見。教會不能把聖子與聖母分開。因為教會看道成肉身是神下到肉身和時間當中，是祂將自己賜給祂所造的萬物；教會也相信在這偉大的奧祕之中，最接近祂的人就是在這恩賜當中參與得最完全的那一位。在一個生火取暖的房間裏，站得最近壁爐的人感到最溫暖，是理所當然的事，一點也不奇怪。如果神借助自己的其中一個僕人來到世上，祂所揀選的那個器皿在這神聖的恩賜中獲取最大最親密的一份，也該是不足為奇的了。

馬利亞，沒有絲毫自私自利，毫無罪惡，純淨得像一扇非常清潔的窗上的玻璃，除了讓陽光照進來之外便沒有其他用途。如果我們以那光為樂，就暗示我們也稱讚那扇窗多麼清潔。我們當然也可以說，在那種情況之下，我們或許會把那扇窗也忘記得一乾二淨。這是真確的。然而神的兒子倒空了自己莊嚴的權能，成為嬰孩，將自己完全投靠於一個凡間母親的愛護底下，在某程度上，把我們的注意力又再拉回她身上去。那光想提醒我們窗的存在，因為祂感激她，也因為祂對她存著無限溫柔和個人的愛。如果祂叫我們分享這份愛，當然是一大恩典和福氣，而這福氣的其中一個最重要的意義，是容許我們在某程度上體會神的大愛和對受造物的尊重的奧祕。

◆ ◆ ◆

神接馬利亞升天並非只為頌揚一位「母親女神」("Mother Goddess") 而已。恰好相反，那是神對人類的愛的表現，是一種非常特別的彰顯：神尊重受造物、渴望對祂照著自己形像而造的人表示敬意，尤其是對那注定要作祂榮耀的殿的**身體**致敬。如果我們相信馬利亞已被接升天，原因乃是有一天，藉著神的恩典，我們也會住進她所在的地方。如果在她裏面人性得到頌揚，原因乃是神希望人性也能在我們裏面得到頌揚，而祂的兒子披上肉身，來到世上，就是為了這個原因。

因此，在馬利亞所有的偉大奧祕之中，有一件事依然是最清晰的：她自己是微不足道的，而神為了我們的緣故，樂意在她裏面彰顯自己的榮耀和愛。

原因是：在所有聖徒之中，她是貧窮和隱藏得最完全的，她活脱脱一無所有，她沒有嘗試將任何東西據為己有，她將神那無盡無私的恩典最完全地傳給我們。待我們效法她，將自己倒空，成為貧窮和隱藏的人時，就會真真正正擁有祂，因與她相像而與神相像。

而我們所有的聖潔都繫於她的母愛上面。那些她想與他們分享自己貧窮簡樸的喜樂的人，那些她決意要他們像她一樣隱藏的人，乃是那些分嚐她與神親密滋味的人。

◆ ◆ ◆

所以，人在這世界上生活，卻突然對那些令世人沉迷的事物失去興趣，並發現自己心靈渴慕貧窮和獨處，是個極大的恩典，極大的福氣。而所有本質或恩典的恩賜之中最寶貴的，就是渴望隱藏、從別人的視線中消失，被世人看作微不足道，在自覺的思考中了無痕迹，隱沒於浩大的貧窮中——即是在敬拜神當中。

這絕對的倒空，這貧窮，這隱藏，內含一切喜樂的祕密，因為當中充滿了神。追求這種倒空就是對聖母馬利亞真正的忠誠；尋著這種空就是尋著她。而隱藏在其中的深處就是像馬利亞一樣充滿神，並與她共負使命，將祂帶給所有人。

然而，世世代代都要稱她為蒙福者，因為人人都藉著她的順服而領受了一切授予他們的超自然生命和喜樂。世人有必要感謝她，以詩歌讚美神在她裏面所作的大工，以她的名義興建大教堂。因為除非人們承認聖母馬利亞是神的母親、是所有聖徒和天使的王后、是世界的希望，否則對神的信心便仍是不完全的。如果我們默觀始胎無玷童貞女 (the Immaculate Virgin) 的聖潔，卻不知道神有能力在人的心靈中成就何等大的事，又怎能求祂賜下一切祂想我們祈求的呢？

因此，我們愈是隱藏在她的祕密被發現的深處，我們就會愈想在世上讚美她的名、在她裏面頌揚那位使她成為祂閃亮的會幕的神。不過我們不會全然靠賴自己的才幹去尋找讚美她的話語：因為即使我們可以像但丁或聖伯納德一樣以詩歌頌讚她，說及她的話仍然少得很，不像教會，只有教會曉得怎樣充分地讚美她，並膽敢以神出於自己的智慧所用的聖言去形容她。因此我們見到她活在聖經中，而除非我們也在所有談及她聖子的經文和應許中看到她隱藏在內，否則就不會完全了解聖經裏所說的生命。

在這些末後的日子裏，神恩慈的差遣注定了她要彰顯神因著她的貧窮而賜予她的能力，並拯救那在世界遭火劫後的頹垣敗瓦中生活的最後一班人。然而，倘若世界最末後的一個時代，因為人的邪惡而很可能會弄得極其恐佈，那麼靠著聖母馬利亞的仁慈，對那些領受了祂的憐憫的貧窮人來說，這也可以是最得勝、最喜樂的時代。

第二十四章
非友即敵

一個人被一名敵人所殺，還是被整隊軍隊所殺，都一樣是死。如果你總愛犯一個致死的罪，你就活在死亡之中，即使你似乎擁有所有其他美德。

◆ ◆ ◆

有些人認為有一項美德便已經足夠，例如仁慈、開明、博愛，其他的都可以不理。但是倘若你在一件事上不自私，在其他二十五件事上卻自私自利，你的美德對你也沒有甚麼好處。事實上，那美德可能只不過是同一種自私的第二十六個款式，化裝為美德而已。

所以，不要以為因為你好像有一些良好素質，你裏面一切的惡便會因此而得到原諒或者被人遺忘。

◆ ◆ ◆

不要以為你憎恨那些看來是在世上與基督為敵的人，就表示你愛基督——假設那些人真的恨祂。雖然如此，基督仍然愛他們，而且除非你也愛他們，否則你不能夠與祂聯合。

倘若你恨教會的敵人而不是愛他們，你也有變成教會和基督的敵人的危險；因為祂說過：「要愛你們的仇敵」〔譯按：錄自太五44〕，又說：「不與我相合的，就是敵我的」〔譯按：錄自太十二30〕。所以如果你不是站在基督那邊，愛祂所愛的人，你就是與祂為敵了。

然而基督愛所有人，為所有人死。而且祂說過：「人為朋友捨命，人的愛心沒有比這個大的。」〔譯按：錄自約十五13〕

◆　◆　◆

不要單單因為某人是**你的**敵人就急於假定他是個野蠻人。也許他與你為敵是因為他認為你是個野蠻人。或許他怕你，因為他感覺到你怕他。還有，倘若他相信你能夠愛他，他就不再會是你的敵人。

不要單單因為某人是**你的**敵人就急於假定他是神的敵人。也許他與你為敵，正因為他在你身上找不到甚麼可以把榮耀歸給神。或許他怕你，是因為他在你身上找不到神的愛、神的恩慈、神的忍耐和憐憫，以及神對人的軟弱的體諒。

不要急於將那不再相信神的人定罪，因為扼殺他信心的，也許就是你的冰冷和貪婪、你的平庸和物質主義、你的縱欲和自私。

◆　◆　◆

一個人不可以成為完美的基督徒——即是聖人——除非他也是一個共產主義者。意思是他必須完全放棄一切擁有權，或者在屬於自己的物品中只拿取自己需要的去用，餘下的就送給別人和貧窮人：而他決定自己需要些甚麼時，很大程度上必須視別人有多大需要而作決定。

但你會說，要有錢人將這個明確的聖經教訓和天主教傳統付諸實行，實際上是不可能的。你說得對。這觀點也沒有甚麼新意。基督在很久以前已經把這個道理廣告天下，祂說過：「駱駝穿過針的眼，比財主進神的國還容易呢！」〔譯按：錄自太十九24〕

假如基督徒生活得無愧於教會對財產和貧窮的教導，就永遠不會讓馬克思主義者及其他人以假亂真的共產主義乘虛而入——那些人的共產主義一開始就否定了**別人**擁有財產的權利。

關於產權，只有一個正確的教義，就是天主教傳統所教導的。這些權利是存在的，是不可否定的，但又隱含著一個義務，若是在沒有虛偽、自欺和托辭之下實行出來的話，基督徒所過的生活就會接近早期使徒所過的共產主義生活：「內中也沒有一個缺乏的，因為人人將田產房屋都賣了，把所賣的價銀拿來，放在使徒腳前；照各人所需用的，分給各人。」〔譯按：錄自徒四34～35〕

沒有人否定那些人擁有田地的權利，或者保存自己擁有的物品，或者變賣所有，把錢財布施出去。然而那個權利包含了義務，不僅滿足自己的需要，也要滿足別人的需要；那個權利也帶有特殊好處，可以超越任何嚴格的法律條文，甚至以一種英勇的仁愛精神實行出來。

假如你有錢，可以考慮一下，或許神讓這些錢落在你手中，惟一的原因是讓你全部送出去，從而找到喜樂和完美之境。

◆ ◆ ◆

當你自己有溫飽、有醫療保險、又有居所，又不用為租金煩惱的時候，勸窮人接受自己的貧窮是神的旨意，是容易不過的事。但是如果你想他們相信你——試試分擔一點他們的貧窮，看看你是否能夠接受那是神對你自己的旨意！

第二十五章
謙卑對抗絕望

絕望是自戀(self-love)的極端。當一個人為要嚐嚐自己失落的滋味，滿足這個墮落的樂趣，而故意拒絕任何人的幫助時，就會達到這個境地。

每個人心裏都隱藏著若干絕望的根，因為每個人心裏都有驕傲，一旦自己才力不逮，絕望就會茁壯起來，迅即長滿自憐的野花雜草。但因為我們自己的才略無可避免一定會令我們失望，所以人人都或多或少會遇上灰心和絕望。

這麼大、這麼頑固的驕傲最終必定會演變成絕望，因為驕傲寧願選擇承受咒詛的無邊痛苦，也不肯從神手中領受快樂，從而承認祂是在我們之上，而我們沒有能力掌握自己的命運。

然而，一個真正謙卑的人是不能夠絕望的，因為在謙卑的人心裏不再存有自憐這樣的東西。

◆ ◆ ◆

高估真謙卑的價值和謙卑在屬靈生命中的能力，差不多是不可能的事。因為謙卑的開端就是蒙福的開始，而謙卑的終結就是一切的喜樂都達到完美。謙卑本身包含心靈生活上所有重大問題的答案。謙卑是通往信心的惟一關鍵，而屬靈生命是由謙卑開始的：因為信心與謙卑是不可分開的。在完全的謙卑之中，一切自私都消失了，你的靈魂不再為自己而活，也不再為神而活在自己裏面：你的靈魂在祂裏面消失淹沒，更新轉化成為祂。

於屬靈生命的這一刻，謙卑升華到最崇高的偉大境界。於此，每個自己謙卑的人都被高舉，因為他不再為自己而活，也不再活在人的層次，他的靈已經撇除了所有的限制和受造的盛衰，也撇除了無常多變，而游弋於神的屬性中；神的大能、莊嚴、偉大、永恆，全都透過愛、透過謙卑，成為我們所有。

倘若我們不能謙卑，我們就不能有喜樂，因為單靠謙卑已足以消滅使我們沒有喜樂的自我中心。

◆ ◆ ◆

假如世上沒有謙卑，所有人都早已自殺死了。

◆ ◆ ◆

有一種假謙卑，以為渴慕最崇高的偉大——默觀的完美境界、與神的神祕聯合之巔峯——乃是驕傲的表現。這是屬靈生命其中一個最大的錯誤觀念，因為只有在這高峯，只有在這崇高的聯合裏，我們才能達到完全的謙卑。

然而我們很容易看到這個錯誤是怎樣形成的：而事實上，從某個角度看，這完全不是錯誤。因為倘若我們抽象地看神祕的聯合的喜樂，只當作是能夠完善我們的生命，帶來最大的快樂及滿足，就可能會用一種自私、充滿驕傲的欲望去追求。假如我們的欲望暗示這個夙願理應得償，好像是我們有權獲得的，好像是我們可以做些甚麼去賺回來的，這份驕傲就會愈見膨脹。

有些人心目中的神祕聯合就是這樣。他們不曉得那個聯合的精髓是一種純潔無私的愛；那愛掏空了心靈裏的一切驕傲，並在神眼中把驕傲完全消滅，點滴不留，所剩下的僅容得下神。

驕傲的每一絲痕迹都消滅了之後，我們便從一切自我之中釋放出來，而神那神祕的愛產生的喜樂也就油然而生。我們渴望的不是被高舉，而只是降卑；不是要在自己和世人眼中被看為偉大，而只是卑微：因為進入那喜樂的惟一途徑就是縮小到消失了的地步，透過自己無有的核心全神貫注在神裏面。擁有祂的偉大的惟一方法就是穿過自己的絕對不足那個針眼。

在那使人更新變化的聯合中，謙卑得以臻至完美境界。只有神，藉著內在試煉的火，才能夠帶你達到那種純淨。不渴慕那種完美境界是愚蠢的。倘若你的謙遜攔阻你尋求一切謙卑的圓融，那種謙遜又有甚麼益處呢？

雖然渴望與神有神祕的聯合本來就是合理和正確的事，但我們是那麼容易誤解箇中的意義，有時會令這份渴望成為所有欲望之中最危險的一種。渴慕神是人類所有欲望中最基本的一個，是我們追求快樂的基礎。即使是在不可以找到快樂的地方尋找快樂的罪人，也是跟隨著一個盲目、錯誤卻又不自知的對神的渴望。因此，從某個觀點看來，不渴慕神是不可能的事。

另一方面，你用「渴慕神」一詞的時候，隱含著把神縮小到一件「物體」或「東西」的地位，彷彿祂是可以緊握擁有的「物件」，就像我們擁有財富知識，或者甚麼被造之物一般。儘管我們確實必然會盼望自己最深層的需要在會見神之中得著滿足，但是與此同時，只當神是自己一切需要和欲望的滿足卻是非常危險的事。我們這樣做時，往往不能避免扭曲、甚至褻瀆祂聖潔和無限的真理。

我見過不少進修道院尋求默觀經驗的人，都對神帶著一種摯誠、癡癡的渴望。而我又看見他們垂頭喪氣地離開修道院，因為未得到滿足的欲望依然熾烈而頹然不歡。人們徒然盼望有一種超越的滿足，但他們的錯誤理解使這份滿足變成了不可能的事，沒有甚麼比這份盼望更殘忍。人們的心因為瘋狂地追求一個神祕的妄想而受挫，沒有任何挫折比這個挫折更可怕。

這挫敗令人這樣痛苦，是由於屬靈生命的老師堅決不變的驕矜自滿，他們堅稱「你找不到神是因為你有些東西不肯交給祂。你不肯付代價。」彷彿與神聯合是一件在修道院公開發售的東西，好像火腿或者乾酪等物品，是默觀的黑市市場上，恰恰在這個或那個不幸的買家一貧如洗時，祕密提供的一種廉價貨品。

以賽亞豈不曾清楚明說，正正是那些沒有錢的人才得著生命的水？

任何嘗過神愛的人，即使只是驚鴻一瞥，都有責任反對加諸神祕主義的一個殘酷得不近人情、虛假的心理；這心理將「聖潔」和「默觀」裝扮成是要摘取的財寶，彷彿聖潔和神祕主義是一些「貨品」，人人都需要擁有才可以在神國裏得到接納——一如人要每兩年換一輛新車，擁有平房和電視機，才能夠得到別人接納。新車和一眾物品似乎暗示，那個人並非無業游民或懶鬼，卻是忠於一切為人接納的標準。同樣，屬靈安慰及顯而易見的德行也被當作忠於神的事奉的標記。

我們甚少體會到屬靈貧窮、虛己、孤獨、全然投入神祕生活的意義。人不是靠積聚宏大的思想及願景，或靠壯烈的苦行，而得到默觀經驗的。不管看起來有多屬靈，它都不是用任何錢幣「可以買得到的東西」。它純粹是神的恩賜，而它**必須**是一份禮物，因為那是其精髓所在。嚴格地說，這份禮物是我們靠自己永遠也不可能令自己完全配得的。誠然，默觀本身不一定是配得或聖潔的記號。它是神的美善的記號，並且令我們更堅定地相信祂的美善，更信靠祂，而最重要的是，更忠於我們與祂的友情。這些通常都應該長成默觀的果子。但是，如果默觀萌芽於十足的虛空、貧窮、遺棄、屬靈黑夜，也不要感到驚訝。

事實上，對默觀的渴求過於強烈，也可能成為默觀的障礙，因為那渴求或許是出於對自己的幻想與依附。我們對默觀的渴求或許是個稠密晦暗的東西，填滿自己的空虛，使我們成為自己外表的奴隸，將我們像失明的參孫一樣綁在不能實現的希望和虛幻的渴望的石磨上。

◆　◆　◆

當心每一個虛妄的希望：它實際上是墮入絕望的試探。它看起來可能十分真實、十分實在。你可能會變得太過倚賴這表面的確實，真的以為願望快要實現。你可能會將自己整個屬靈生命，你的信念本身，都投靠於這個虛幻的應許上。然後，當它在空氣中消失的時候，一切也都隨之消失。你的整個屬靈生命在你的指縫間溜走，你也變得一無所有。

實際上，這也可以是一件好事，我們也應該可以當它是一件好事，只要我們能夠投靠純潔隱藏的信心的實質；這信心是不會騙我們的。然而我們的信心是軟弱的。確實，我們的信心最弱之處往往是自以為信心堅強的錯覺，因為我們感覺到的「堅強」，只不過是情感或情緒的強度，與真正的信心無關。

◆　◆　◆

今天世上有多少人隨著自己童年虛妄的希望和幻想

的消失而「失去信心」。他們稱為「信心」的，只不過是所有幻覺之中的一種。他們將自己所有的希望都寄託在某種屬靈平安、安舒、內在平衡、自尊的感覺上。然後，當他們開始與成年生活的真實困難和負擔糾纏時，當他們發覺自己的軟弱時，他們就失去平安，放棄自己寶貴的自尊，變得不可能再「相信」下去。即是說，他們不可能再用那些童年時覺得安心的意象和觀念來安慰自己、叫自己安心。

不要將希望寄託在安心的感覺、屬靈的安慰上面。沒有那種感覺你也要過日子。不要將希望寄託在那些靈感派牧師身上，他們傳揚基督教令人溫暖快樂的道理，令你抖擻精神站起來，過三四天煥發爽利的日子——直到你倒下、墮進絕望之中。

自信是一份寶貴的天賦禮物，是健康的標記。但自信不等如信心。信心深刻得多，而且要有足夠的深度，以致在我們軟弱、病倒、自信全失、自尊全無的時候，能賴以維生。我的意思不是說**只有**在我們陷於崩潰的時候，信心才會起作用。但是真正的信心必須在一切都被奪去的時候仍然能夠持續下去。惟有謙卑的人才可以在這種條件之下接受信心，完全毫無保留的以純潔的信心為樂，並且在失去一切的情況下，即使信心沒有附帶甚麼，仍然快樂地加以歡迎。

假如我們不謙卑，就會要求信心必須附帶健康、心安、好運、事業有成、好人緣、世界和平，以及我們可以想到的所有好事。不錯，神若願意的話，祂可以把這一切好事都賜給我們；但是與不可或缺的信心比較，它們就顯得無關重要。倘若我們堅持要得到其他東西才肯相信，就會因此而削弱我們信念的基礎。我不認為就此讓我們僥幸得逞會是神憐憫的作為！

◆ ◆ ◆

謙卑的人不會受稱讚所困擾。既然他不再顧念自己，既然他知道自己裏面的好處是從哪裏來的，他不會拒絕稱讚，因為稱讚屬於他所愛的神，他接受了之後一點也沒有留下給自己，而是非常喜樂地把所有稱讚都歸給他的神。*Fecit mihi qui potens est, et sanctum nomen ejus*（那位大能者為我成就了大事，祂的名是神聖）！

不謙卑的人不能得體地接受稱讚。他本知道應該如何處理稱讚。他知道稱讚屬於神，不屬於他自己：但是他將稱讚歸予神時是那麼的拖拖拉拉，以致失言、狼狽、惹人注目。

還沒有學會謙卑的人會被稱讚弄得煩躁不安。別人稱讚他的時候，他甚至會變得不耐煩；他覺得自己不配，因而生氣。假如他沒有為之而小題大做一番的話，至少那些有關他的美言也會常常縈繞在他腦海中，揮之不去，無論他去到哪裏，都令他苦惱不堪。

另一極端是個一點謙卑也沒有的人，如果有人稱讚他，他就會像狗兒搶吃肉塊般照單全收。但他不會提出任何問題：他是如此的膚淺，以致已經成為阿里斯托芬(Aristophanes；譯按：阿里斯托芬是有「喜劇之父」之稱的古希臘作家)以還每部笑劇中的一個角色。

謙卑的人接受稱讚，就好像清潔的窗戶接收陽光一樣。光愈真實、愈強烈，你就愈看不見玻璃。

◆ ◆ ◆

有一個危險，就是修道院中人會花上九牛二虎之力去達致謙卑，那是他們從書本學到的謙卑，以致變得不可能有真正的謙卑。假如你常常留意著自己，你又怎能謙卑下來呢？真正的謙卑排除自我意識，但虛假的謙卑卻加強自覺，甚至令自己癱瘓，若不啟動一連串複雜的道歉機制和自責套語，就不能夠再有任何行動或做些甚麼。

假如你是真的謙卑，你就一點也不會理會自己。你為甚麼要想到自己呢？你只會關心神和祂的旨意，以及萬事萬物原有的客觀秩序和價值，而不是你自私的想法。結果你便不再需要保衛任何幻想。你的舉止會變得自由。你不用再受諸般藉口牽制；你編那些藉口其實只是為了抵抗自尊的控訴——好像你的謙卑取決於別人怎樣看你！

謙卑的人可以帶著一種不平凡的完美做偉大的事，

因為他不再擔心自己的利益和名聲等枝節小事，因此也不再需要為了維護它們而浪費精力。

謙卑的人不怕失敗。事實上，他甚麼也不怕，甚至連自己也不怕，因為完全的謙卑隱含對神的大能抱完全的信心，在這位神面前，其他權能都沒有甚麼意義，而在祂而言，並沒有障礙這一回事。

謙卑是力量最真確的標記。

第二十六章
順服下的自由

甚少人在與世隔絕的情況下得到淨化。很少人在絕對的獨處中成為完全人。

與別人一起生活，學習專心致意了解他們的軟弱和不足，都會幫助我們成為真正的默觀者。沒有比這個方法更能除去我們根深蒂固的自我主義的頑固、苛刻、粗鄙，而自我主義正是神的靈要注入光和行動時一個難以逾越的障礙。

即使我們在完全獨處之中勇敢地接受內在試煉，也不可以完全補償我們因為心存忍耐和謙卑愛人、同情他們最不合理的需要和要求，而成就的內在潔淨工作。

遁世者總會有在自己的怪癖中枯乾硬化的危險。他們遺世獨居，便會失去那種只有純真的愛才能帶來的深厚的屬靈真實感。

你以為達到聖潔之途就是將自己鎖起來，只與禱告、書本、自己喜歡和覺得有趣的默想為伍，以重重牆壁保護自己，抵禦你認為是愚蠢的人？你以為通往默觀之途就在於拒絕參與那些有益於人、恰巧自己卻感厭煩的活動或工作？你以為不用為著基督的愛而撇棄你的品味、欲求、野心、滿足感，只藏身於用屬靈雅緻的聲色之樂織成的繭裏，就會發現神？然而，基督甚至不會活在你心內——如果你不能在別人身上見到祂的話。

◆ ◆ ◆

內在的默觀與外在的活動是神的愛的兩面，斷不是基本上敵對的。

然而，默觀者的活動必須是由他的默觀而生的，並必須與他的默觀相符。他在默觀以外所作的一切，都應該反映出他內在生命明亮的安寧。

為求達到這個目標，他便需要在活動當中尋求自己在默觀中所找到的——與神的接觸和聯合。

不管你在禱告中認識神是多麼的少，你要將自己的行為與那少許的認識作比較：讓你的行為舉止與認識的程度相稱。嘗試以你在默觀中所找到的一樣的倒空、靜默和超脫，使你的一切活動結出果實來。最終，這一切的祕訣乃是在自己不能控制的事上完全聽從神的旨意，但凡自己決定的事則以完全順服神的心去作，好能在一切事上，內在生命和外在為神作的工之中，你都只有一個願望，就是成就祂的旨意。

如果你這樣做，你的作為會帶著你於禱告中找到的毫無私心的平安，而在你辦事的樸實之中，人們會看出你充滿了平安，並歸榮耀給神。

最重要的是，在這默默和不自覺地為神的愛作見證當中，默觀者執行他使徒的職份。因為聖人傳揚信息乃是在舉手投足、或站或坐、揮手目送之間而成的。

完全人並不需要思考自己行為的細則。

他們自覺愈來愈少，最後不再注意到自己在做事，神便逐漸開始在他們裏面、為他們做所有他們做的事。最少的意思是，祂的愛的習性已成了他們的第二天性，使他們所作的盡都充滿了祂的樣式。

◆ ◆ ◆

人們尋找內在自由和愛的純淨，途中遇到的極端困難很快便教曉他們，他們不可能靠著自己前進，而神的靈給予他們一種渴求，很想尋得最簡樸的方法去克服自己的自私和盲目的判斷。而這就是順從別人的判斷和指導。

一個在默觀中被神吸引的心靈很快就會學到順服的價值：他每天都要忍受那源於他自己的自私、笨拙、無能、驕傲的艱難痛苦，令他渴望得到別人的帶領、忠告、指引。

他自己的意志帶來那麼多的愁苦和那麼多的黑暗，以致他找其他人時，不會只是為了尋找亮光、智慧、意見：他變得熱中於順服本身，以及捨棄自己的意志和亮光。

因此，他服從自己修道院的院長或導師，不是因為他們下的命令或忠告，在他眼中看來很好、有利、有頭腦。他順服不只是因為他認為院長作出的決定很可敬。相反，有時上司的決定還好像有點不智：但是他不再擔心這個，因為他接受了上司是他與神之間的中間人，當神的旨意藉著那些因職份關係而處於他之上的人傳予他的時候，他就泰然接受。

世上最危險的人就是沒有人帶領的默觀者。他信靠自己的願景。他服從一個內在聲音的吸引，但卻不肯聽從其他人。凡是令他心裏覺得有一種巨大、溫暖、甜蜜的喜悅的東西，他都認為是神的旨意。感覺愈是甜蜜溫暖，他就愈肯定自己不會犯錯。假如他強勁的自信讓人感覺到他充滿自信，並且覺得他真是個聖人，這個人就可以摧毀整個城市，或者一個宗教團體，甚至一個國家。世上佈滿了由這一類幻想家所留下的傷疤。

然而，很多時這些人只不過是一班沒有惡意的乏味之徒。他們蕩進了屬靈的死胡同，安躺在那兒一個用私人感情築成的舒適小窩中。沒有人會真的妒忌或羨慕他們，因為即便是完全不知道屬靈生命為何物的人，都會感覺到這些自欺脫離真實的人，已經甘於以一個假象為滿足。

他們看起來是快樂的，但是他們的快樂不能啟迪人，也不能感染人。他們看起來是平安的，但是他們的平安既空洞又不寧。他們有很多話要說，而且每句話的信息都帶著一個大大的「我」字，卻又說服不到任何人。因為他們寧取歡樂和情緒，也不要真正的信心所要求的犧牲，他們的靈魂已經變得停滯污濁。真實的默觀火燄已經熄滅。

當你被神引領進幽暗當中，即是默觀所在之處，你就不能安於你自己意志的虛假甜蜜之中。自滿和你對自己判斷力的絕對自信所帶來的虛假內在滿足，將永不能完全欺騙你：它會令你稍為感到不舒服，而裏頭隱隱約約的一陣噁心，令你不得不剖開自己，讓毒害流走。

◆ ◆ ◆

為了明白屬靈順服的真正價值，我們必須非常小心區別自我意志和真自由。這個區別至為重要，因為我們被召是在順服之下享自由，而不是犧牲所有的自由，以致好像機器一般回應權威。最高的自由在順服神之中可以找到。我們失去自由全在於臣服在無意識行為的專橫底下，不管是在我們自我意志的反復無常之中，還是在專制、慣例、常規或者單單是集體惰性的盲目指使之間。

最普遍的錯覺是以為憑自己的任性對抗權威的指使，就是表彰自己的自由。我行事隨「興之所至」。這不是真正的自發，也不會帶來真正的自由。那是放肆而不是解放。當然，即使這種不完全的自發本身也許比被動的因襲主義、死氣沉沉的常規還要可取，不過這仍不應該攔阻我們看出其明顯的限制。

可是今天的人很難明白敬虔的順服，正正是因為他們覺得，要犧牲「自己的個性」和「自發性」，實在是太過分。實際上，那些爭論的問題通常十分混亂。一方面，下屬可能在逃避責任。另一方面，上司可能受自己的任性和幼稚所左右，自己也不完全能夠應付自己職位的責任。

只有真正學懂理智地順服的人才能夠理智地掌握命令。這樣，他便知道下屬順從的真正價值，也知道自己權力的極限。我們一旦坦白承認上司的審慎與他勝任其位的真實能力都非常重要，就要記得，下屬也須知道怎樣服從自己現在的上司，不管那上司是否勝任愉快。下屬可能知道，也可能不知道，他的處境並不太理想。但是這種體會不應影響他願意順服的心。仁愛的要求是他不要計較上司的任何不足，而一般人情事理迫使他稍作遲疑，別那麼快批評和分析上司的決定。畢竟，沒有人是自己事業的評判，我們很有可能被偏見和自我意志所推動，看見一些其實並不存在的不足之處。因此，我們不要故意對真相視而不見之時，也要堅信，即使是一些不那麼全然合理或審慎的命令，我們若甘願服從，就對我們十分有利。我們這樣做，不是蒙蔽自己，或就該事件說謊欺騙自己。我們只是連一切缺陷都照單全收，為了神的愛而順服。為了能夠這樣做，我們要作一個全然理性和自由的決定；有時這可以是一個極端困難的決定。

沒有人可以藉著不智地投身於一個過分簡化的順服觀而成為聖人或默觀者。但對於下屬與指揮他的人雙方而言，順服的先決條件中有很大成分是審慎，而審慎意味著責任。順服不是要自由退位，而是在某些明白界定的條件下**審慎地使用**自由。這不會令順服來得更容易，也絕不是逃避服從權威的途徑。相反，這一種順服暗中顯示出一個成熟的心智，能夠作出困難的決定和正確地了解艱深的命令，以一種有時可以是真正英勇的忠誠去完成任命。沒有成熟的、屬靈的愛作深厚的資源，就不可能有這種順服。

第二十七章
甚麼是自由？

有能力選擇善或惡，是最低限度的自由，而其中惟一的自由，就是我們仍然可以選擇善。

只要你可隨意選擇惡，你就是不自由的。邪惡的選擇摧毀自由。

我們永遠不能為了惡而選擇惡：只能因它貌似善而選擇它。但是我們決定做一件自己看為好、其實是不好的事時，就是做著一件自己實際上不想做的事，所以我們其實不是真的自由。

◆ ◆ ◆

完美的屬靈自由是完全不能夠作出任何惡的抉擇。你渴望的每一樣都是真的善，每個抉擇不但是渴望達到那善，更是實現那善，那時你就自由了，因為你做的每一件事都是你想做的，你意志的每一個行動都會有圓滿的終結。

因此自由不在於善惡抉擇取得平衡，卻在乎完全地愛和接納真正的善，並拒絕惡，以致你所做的一切都是善和令你快樂，而且你亦拒絕、否定、不理會每件可能令你不快樂、自欺和傷心的事。只有如此完全拒絕一切惡、以致完全不能冀求惡的人，才是真正自由的人。

◆ ◆ ◆

在神裏面絕對沒有惡或罪的影兒或可能性，祂是無限自由的。事實上，祂就是自由。

只有神的旨意是完美無瑕的。其他所有的自由都會因一個錯誤的抉擇而失去作用、摧毀自己。所有真正的自由都是神賜給我們的超自然恩賜，是祂注入我們心靈中的愛促使我們在祂自己基本的自由中有份，首先在雙方完全同意下，然後在一個起轉化作用的意志的聯合中，將我們的心靈與神合而為一。

另外的那種自由，那所謂我們本性的自由，對善或惡的抉擇而言是中立的，那只不過是一種能力，一種等待著被神的恩典、旨意和超自然的愛充滿的潛能。

◆ ◆ ◆

一切的善、一切的完美、一切的快樂，都在神無限的良善、完美、蒙福的旨意裏面找得到。既然真正的自由是指有能力常常無誤無瑕疵地追求和選擇真正的善，那麼自由只可以在完全連結及順服於神的旨意之下找得到。只要我們的心意與神的旨意同行，就會達到相同的目標，安享相同的平安，充滿了相同的、屬於神的無邊快樂。

因此，自由最簡潔的定義是：遵行神旨意的能力。能夠違抗祂的旨意就是不自由。罪中沒有真自由。

◆ ◆ ◆

環繞著罪的也有某些好處——例如在肉體的罪中有肉體的歡愉。但這些歡愉並不是惡的。這些歡愉是好的，而且是神的心意，縱使有人不是按著神屬意的方式去享受，神仍然願意讓人感受到這些歡愉。然而雖然這些歡愉本身是好的，但在違反神的旨意的情況下，人對那些歡愉的意志方向便變得邪惡。而因為意志的方向是惡的，所以便不能達到意志打算達到的目標。因此便造成自我摧毀。也因此任何罪行最終也沒有快樂可言。

◆ ◆ ◆

笨蛋！你做了自己不想做的事！神把那歡愉給你，因為那歡愉也是祂的心意：但是你忽略了祂想與那歡愉一起賜給你的快樂，又或許你忽略了祂原想賜予你的更大的快樂，雖然那快樂**不包括**那歡愉，但卻是超越了那歡愉，並凌駕其上！

你吃了橙的外皮，卻把果肉扔掉。你留著的僅是包裝用的紙張，卻扔掉盒子、指環、鑽石。

如今那必須終結的歡愉已逝，而你一點也沒有得到那可以永遠充實你的快樂。假如你為了自己的快樂而以神屬意的方式去取得(或捨棄)那歡愉，你仍會在自己的快樂之中擁有那歡愉，而且那歡愉會永遠在你心中，在神的旨意中到處跟隨著你。因為要一個精神健全的人認真地後悔一個在與神的旨意聯合的情況下、有意識地做的行為，是不可能的事。

因此，自由是神賜給我們的才幹，是用來做事的工具；是我們用來建立自己的生命、自己的快樂的工具。我們真正的自由是一件我們永遠不可以犧牲的東西，因為假如我們犧牲了真正的自由，我們就背棄了神自己。只有任性地率性而為，罪的假自由才是應該犧牲掉的。我們真正的自由必須以生命去保衛，因為那是我們存在的最寶貴元素。自由令我們成為人，是屬神的形像的本質。教會的超自然社會的一個主要作用，就是保持我們作為神的兒女的屬靈自由。認識這一點的人何其罕見！

第二十八章
超脫

我懷疑現今活在世上的人中，有沒有二十個能夠如實地看事物。那是指有二十個人是自由的，他們沒有依附任何受造物或自己的自我或任何神的恩賜，即便是祂最崇高、最超凡純潔的恩典，因而不受種種依附所支配，甚或影響。我不相信有二十個這樣的人活在世上。但一定有一兩個。他們是將一切連結起來、令宇宙不致瓦解的人。

◆ ◆ ◆

除了神以外，凡是你因其本身條件而愛的每一件東西，都會蒙蔽你的理智、摧毀你的道德價值判斷。它削弱你的選擇能力，你再也不能清楚辨別善與惡，也不能真正知道神的旨意。

假如你為了某些東西本身而愛它，渴望得到它，縱使你明白一般的道德觀念，你也不知道怎樣應用那些原則。即使你依足規矩正確無誤地應用那些原則，你仍可能忽視了一個隱藏的細節，而其中某些瑕疵將會損壞你最善良的行為。

至於那些全然投身於亂七八糟的罪當中的人——他們經常令自己無力了解最簡單的原則；他們再也看不見

最顯淺、最自然的道德律。他們或許擁有最驕人的才幹，能夠討論最深奧的道德問題——但對自己所說的卻沒有絲毫了解，因為他們不以這些東西為有價值之物去愛，只存視之為觀念的一種抽象興趣。

◆ ◆ ◆

即使是誠懇的聖人，大多數都從未發掘到超脫與提煉內在貞潔及良心機敏的某些面貌。即使在最嚴謹的修道院內，即使在一些人認真地獻上一生尋求完全的地方，很多人也從來沒有懷疑過自己何等被無意識的自私所支配、自己的德行是何等的被狹隘及人的私利所促成。事實上，很多時，正是這些虔誠人僵化與頑固的形式主義，阻礙他們真真正正的超脫。

他們放棄了世界的歡樂與抱負，但卻為自己取得另外一些更高尚、更微妙、更屬靈特色的歡樂與抱負。有時他們甚至做夢也不會想到，有可能以一個本身不完全的、熱切的、自我意識到的熱忱去尋求完美。他們同樣是依附著自己小圈子裏的美好事物。

有時，舉例說，一個修士可以培養出一種對祈禱或禁食的依附，他也可以依附敬虔的操練或靈修、某種外在的補贖苦行、一本書或一個靈修體系或一個默想方法或甚至默觀本身、禱告最崇高的恩典、德行、本身標誌著大無畏精神或崇高的聖潔的東西。而那些看似是聖徒的人，已讓自己被他們對那些東西無節制的愛所蒙蔽。

他們與修道院中似乎遠遠不如他們那樣完美的弟兄差不多一樣，都逗留在黑暗和錯誤之中。

◆ ◆ ◆

有時默觀者以為，自己生命的整個目的和精髓都在於冥想、內在平安、對神的臨在的感覺。他們變得戀棧這些東西。但是冥想跟一輛汽車無異，都只是被造物。內在平安的感覺也是造出來的，與一瓶酒一樣。對神的臨在的試驗性「體會」跟一杯啤酒同樣都只不過是製成品而已。惟一的分別是，冥想、內在平安、神臨在的感覺都是屬靈的歡樂，而其他則是物質上的歡樂。因此，戀棧屬靈事物與無節制地愛任何其他事物都一樣是依附。其不足之處或許是較為隱藏和難於捉摸：但從某個角度看，其危害只會更大，因為它是難以辨認的。

因此，很多默觀者永遠做不成聖人，永遠不能成為神的密友，永遠不能深入地分享祂極大的喜樂，因為他們依戀那些默觀途上初學者所得的、少得可憐的安慰。

◆ ◆ ◆

處於更壞景況當中的人何其多：他們甚至從未達到默觀的層次，因為他們戀棧看似重要的活動和企劃。他們渴望動個不停、成功感持續不斷，如饑似渴地、粗魯地追求成果、追求可見可觸的成就，因而被蒙蔽；他們令自己陷入一個狀況，除非自己同時為十多份工作忙個不休，否則便不相信自己會得到神的喜悅。有時他們令氣氛充滿悲歎，抱怨自己不再有時間祈禱，但是他們已經成了自欺的專家，以致體會不到自己的悲歎是多麼不誠實。他們不但容許自己參與愈來愈多的工作，實際上更主動去找尋新的工作。他們愈忙，犯錯也愈多。事故與錯失圍繞著他們身邊層層堆積。但他們不肯接受警告。他們離現實愈來愈遠——然後或許神會容許他們的過失趕上他們。那時他們會醒悟過來，發覺自己的輕率使他們捲入一些，比方說，違反公義或違反自己職責的嚴重而顯著的罪。他們的內在力量已經點滴不剩，於是，他們便崩潰了。

◆　◆　◆

那些在火未點好之前已經在上面堆木頭、把默觀最初的幾點火花都堵熄了的人一定很多。內在祈禱的刺激叫他們興奮莫名，導致他們大肆開創野心勃勃的事工，計劃要教訓全世界的人，叫人人都信主，而神所要求他們的卻只是安靜下來，保持安寧，注意神在他們心靈裏開始了的祕密工作。

不過倘若你嘗試向他們解釋，他們對神沒有要求他們辦的那些活動的熱情或許有不少瑕疵，他們便會當你是個屬於旁門左道的人。他們知道你一定是錯的，因為他們對於自己想像將會成就的結果所感受到的那份渴求是如此的強烈。

◆ ◆ ◆

內在平安的祕訣是超脫。對於那個受自己意志一切混亂常變的欲求所支配的人來說，冥想是沒有可能的事。即使他們渴望想要得到的是內在生命美好的東西，例如冥想、平安、禱告的歡樂，但那些東西如果只不過是出乎本性和自私的欲求，就會令冥想充滿困難，甚至不可能。

你永遠都不會達到完美的內在平安和冥想，除非你甚至超脫平安及冥想的渴望。你永遠都不能完全地祈禱，除非你超脫禱告的歡樂。

如果你放棄所有這些渴望，單單尋求一件事——神的旨意，祂就會在勞苦、衝突、試煉當中，賜你冥想和平安。

◆ ◆ ◆

宗教生活之中有一種不成熟的物質主義，令真誠聖潔的人相信，克制就即是放棄那些取悅外在五官的東西。

但那才剛剛是克制的開始。

當然，我們先要超脫那些下流淫蕩之物，內在生命方能開始。但一旦開始了，就很難有寸進，除非我們變得愈來愈超脫，即使是從合理的、理智的及屬靈的好事中抽離。

希望單靠超脫理智所禁止的事物而成為默觀者的人，甚至不會開始認識默觀的意義。因為通往神的道路埋在深沉的幽暗當中，在那裏，一切知識、一切被造的智慧、一切歡樂和慎思、一切人類的盼望和喜樂，都被神的光和臨在攝人的純潔所擊倒廢除。

在理性節制的界限之內擁有及享受有形的和屬靈的事物並不足夠：如果我們想達到純然的擁有神、純然以神為樂，就必須能夠淩駕一切喜樂、超越一切財產。

這個區別十分重要，但即使屬靈作家也常常遺忘了這點。當然，神所造之物都是好的，而有節制地、適度的使用會帶我們進入一個與神更密切的聯合，這話頗為真確。那些與神最緊密連結、超脫外在自我的人，能夠在受造物的美態中得嘗最純真的喜樂，因為那些受造物不再攔阻神的光，這話也是真確的。

但是適度地使用受造物，合理而有節制的、品性正直的生活，與聖人全然屬靈化的純潔，像回復世界初期、樂園中的亞當的純真無邪，這兩者之間有一道鴻溝，只能藉著苦行的超脫盲目一縱，方能跨過。

在理性的節制之上，還有捨身，一個比單是節操或修養更高的境界。於此，基督的十字架進入默觀者的生命。沒有這神祕的死將他完全與受造物分開，就沒有完全的自由，就不能邁進神祕的聯合的應許之地。

這感官與靈的「死」帶來脫離依附的最後釋放，但那不是單靠人努力克己便可獲得的成果。那個黑夜，那個將我們的根扯離這世界的苦難危機，純粹是神的恩賜。

但這恩賜亦要我們在某程度上作出英勇的自我犧牲準備自己去接受。因為除非我們清楚表明自己認真打算著手**棄絕一切的依附**，否則聖靈不會領我們進到真正的幽暗、神祕的孤寂的核心，在那裏，神親自神祕地釋放我們，脱離混亂，脱離重重的需要和渴望，好能賜我們在祂裏面的合一，以及與祂的合一。

總而言之，倘若我們謀求越過人善良德行的限制，進入神的兒女完全的自由，我們必須極堅決地面對超越一般節制的艱苦任務，努力追求完全的倒空。對神的兒女而言，一切都是光和喜樂，因為一切都是在神裏面並為神而得見及得嚐。神祕主義者活在空虛、自由當中，彷彿他不再有一個有限的、獨有的「我」，使他與神及其他人有所分別。因此，他已經與基督同死，並進入應許過給真正的神的兒女的「復活生命」。任何追求過渡到應許之地的人，就連默觀較低層次的喜樂都要放棄。

◆ ◆ ◆

因此，真正的默觀生活並不在乎享受內在及屬靈的歡樂。默觀超乎理性和意志在愛和信心裏的一種優雅聖潔的惟美主義。安息在神的美善中，作為一個純粹的觀念，沒有附帶意象或明顯的形式或任何其他形像，仍然是屬於人類階層的一種歡樂。也許那是自然界可以達到的最高歡樂，而且很多人不是單靠自己天賦的能力便能達到——他們需要恩典方能經驗這種滿足，而這種滿足是可以自然而然的讓自然界觸及。不過，既然這種歡樂是出乎本性的，是自然界可以追求的，又是透過自然修練可得的，就一定不能與超自然的默觀混為一談。

真正的默觀是一種愛的工作；這愛超越所有的滿足和所有的經驗，然後在純淨赤裸的信心之夜裏安歇。這信心使人親近神，近得可以說觸摸到或抓住神自己，儘管是處於幽暗中。而這麼一個接觸的效應往往是一種深邃的平安，滿溢到靈魂較低層次的官能，從而構成一個「經驗」。不過那平安的經驗或感覺永遠只是默想的偶發事件，所以沒有這種「感受」並不表示我們與神的接觸已經中斷。

如果我們依附平安的「經驗」，就會威脅到我們的心靈與神在純潔完全的愛的幽暗裏的感覺和經驗之上那真正的、根本的、生死攸關的聯合。

因此，雖然這種平安的感覺可以是我們與神聯合的迹象，但那仍然只是一個迹象——一個偶發事件。那聯合的實質可以不帶任何感覺，有時雖然我們沒有平安或神臨在的感覺，但祂卻是比以前任何時間都更真實地與我們同在。

如果我們把這些偶發事件看得太重要，就要冒失去那至為重要的東西的危險；那至重要的就是不管我們恰巧有些甚麼感覺，我們都全然接受神的旨意。

但是倘若我認為生命中最重要的是內在平安的感覺，當我留意到自己沒有這種感覺時，我就會更加不安。而既然我不能夠隨意隨時在自己裏面直接製造這種感覺，我愈白費努力就愈是不安。最後我會失去耐性，拒絕接受這個自己不能控制的處境，於是我便會放棄那最重要的現實：與神的旨意聯合；而沒有這種聯合，就絕對不可能有完全的平安。

沒有為了神的愛而拋棄一切的那份忠貞、堅毅、決意，我們就不能轉移到更高層面的純潔和默觀；而當我們細想這份忠貞、堅毅和決意時，就被自己的軟弱、自己的貧窮、藉口遁辭、背信、猶豫不決嚇得目瞪口呆。我們被自己的軟弱模糊了視線。我們陷於無助之境，深知自己要放棄一切，卻又不曉得如何去做、從何入手。在那種景況下，迫自己作出決定是沒有用的。需要的是極大的忍耐和謙卑，虛心地祈求亮光、勇氣、力量。

倘若我們堅毅地面對自己的怯懦並向神承認，毫無疑問，終有一天祂必會憐憫我們，給我們指示一條在超脫之中邁向自由的路。

第二十九章 內心的禱告

既然默觀是我們的心思和意志與神的聯合，是一個純潔的愛的行為，帶領我們隱蔽地接觸神本有的真實自己，因此默觀之道乃是培育我們的心思和意志，以及整個靈魂，以臻完全。當神直接介入，將整個培育過程提升到我們本性的層面之上時，潛修默觀(infused contemplation)就展開：然後祂便著手改良我們的官能，使之達至完美；祂的做法好像是在祂注入的光和愛的痛苦和幽暗當中，剝奪這些官能的所有正常活動。

但在這事發生之前，我們一般都要用自己的方法和在祂恩典的扶掖之下，努力準備自己；我們要默想和積極的禱告，並釋放自己的意志脫離對受造物的依附，從而深化自己對神的認知和愛慕。

關於這些事，已有不少著述。默想與內心禱告的技巧和方法繁多，很難一一述說。因此我一個也不會談論，只會說用得著的人會發覺每一個都有用，而且每個能夠從有系統的默想中得益的人都不會失望，只要他不怕不時把方法擱在一邊，稍作獨立思考。

這些方法的問題不在於太系統化或太公式化：那都是需要的，也是好事。方法並無甚麼不妥。問題在於使用的方式——或沒有加以使用。

默想書籍的目的是教導你怎樣思想，而不是代替你思想。所以假如你拿起這麼一本書，僅僅從頭到尾讀一遍，就是浪費時間。每有任何思想刺激你的腦海或心靈時，你便可以放下書本，因為默想已經啟動。若一心以為有義務緊跟該書作者，直至他本人得出的結論，就是犯上極大的錯誤。可能他的結論對你並不合用。或許神想你到達另外一個境況。或許祂準備賜給你不一樣的恩典，是有別於該作者認為你會需要而提出的。

又有一些人，他們只有見到書上清楚寫明「默想」兩個字，才會想到默想。假如你將書列歸另一類別，他們就會以為讀一下就可以了，無須也嘗試想一想。

剛剛展開屬靈生命的人，應該實實在在的修煉思想節制，令注意力能夠集中於一個屬靈主題，深入了解其意思，融入生活之中，之後，他們可以做的最好的事，就是修煉思想上的輕快自由，無論他們去那裏、做甚麼，那都能幫助他們找到亮光、溫暖、主意和對神的愛。人如果只知道怎樣在日常某些規定的時段想起神，屬靈生命就不會有長足的進步。實際上，在他們劃歸為「內心禱告」的時刻裏面，他們甚至不會想到神。

◆　◆　◆

學習怎樣在紙上默想。畫畫和書寫都是默想的方式。學習如何默觀藝術品。學習如何在街上或郊野禱告。要懂得如何默想，不僅是有書在手時，也是在等候公車或乘坐火車之時。最重要的是，進入教會的禮拜儀式之中，讓禮拜儀式周而復始的成為你生活的一部分——讓禮拜儀式的節拍漸漸融入你身體和靈魂裏面。

◆　◆　◆

很多經常默想和心內禱告的人在生活上沒有顯出這些操練的真正成果，原因是那些人並不真正明白默想和內心禱告的意義。

有些人似乎以為，默想神的惟一理由是得著一些關於神的有趣理念。不錯，默想其中一個基本目的是加強我們所有的宗教信念，加強信心和了解的基礎：但那只是開始。那只是默想的門檻。

另一些人以為，默想的作用是指出品德的操煉是必須的，並在我們裏面引發勇氣和決心，著手做點甚麼。那是真的。這是默想的另一個初步果效。但也只是在路上踏出的另一步而已。

還有一個不那麼嚴重的錯誤——因為我們已經愈來愈接近真理——就是默想應該在我們裏面生出對神更大的愛。這個觀念令人滿意與否，端視乎你認為愛神是甚麼意思。假如默想令你**說**你愛神，或者令你**覺**

得自己愛神，你就以為默想已經起了作用，那麼你仍然是錯的。

◆ ◆ ◆

默想是一個雙重的操練，有兩重的作用。

首先，默想應能給你足夠的控制力，駕御思想、記憶和意志，讓你能鎮定下來，退出外表的東西和現世生活的事務、活動、思想、牽掛。其次——這是默想的真正目的——默想教導你怎樣意識到神的臨在；而最重要的是，默想旨在領你進入一個境界，幾乎持續不斷地愛慕神、倚靠神。

默想的真正目的是：教導人怎樣致力脫離那些只有混亂愁煩的受造物和現世的牽掛，進到與神產生一個有意識的、充滿愛的接觸，於此，他會樂於從神領受他自知非常需要的幫助，並將讚美、尊崇、感恩和愛歸予神，而且如今那些都是他樂於歸給神的。

用來量度默想是否成功的，不是你獲得的高超主意，或者你作出的偉大決定，或你外在感官所產生的情緒。當你在某程度上參悟到神的存在，你其實只是默想得不錯而已。然而即便如此，你還是未達到真正的境界。

畢竟，凡是嘗試過的人，都會發覺到你愈是接近神，在參悟神或認識任何關於神的事方面就愈少困難。

因此，假設默想帶你去到一個地步，圍繞著神的雲層令你困惑反感，因為神「以黑暗為藏身之處」〔譯按：

錄自詩十八11〕。你不但完全參悟不到神，更開始一面倒的覺悟到自己在認識神上是全然的無助，你開始認為默想是沒有希望的，而且是件不可能做到的事。然而你愈是無助，就似乎愈渴望見到祂、認識祂。你的渴望與失敗之間的張力，在你裏面生出一種對神苦苦的渴慕，好像沒有甚麼能夠滿足這份渴慕。

你以為自己的默想失敗了嗎？相反，這困惑，這幽暗，這無助的渴望的痛苦，乃是默想的實現。因為倘若默想最重要的目的，是在你心靈中建立一個與永活的神活潑的愛的接觸，那麼只要默想僅是展現一些你能夠明白、感覺、欣賞的意象、思想、愛慕，就還未做足應做的工夫。但是當默想超越了你明白和想像的水平，就能夠真的帶你接近神，因為默想送你進入幽暗中，而在那裏你不再思想到祂，而是被迫施展無以為憑的信心、盼望和愛，摸索尋找神。

到那時，你就要堅固自己，抗拒放棄內心禱告這個想法；你要每天在既定的時間祈禱，不管你感覺有多麼困難、枯乾、痛苦。最後，你自己受的苦與恩典的祕密工作將會教你應該做甚麼。

你或許會被引領進到一個全然單純、感情豐富的禱告方式，在其中你會以幾個字，或者一言不發，向著神隱藏的幽暗伸出手來，心中帶著一份無言的、半無望的，卻又是滿有超自然信心的渴望，想認識祂、愛祂。

又或許你憑信心知道祂與你同在，並覺悟到嘗試理解這無窮盡的實在和箇中所包含的一切意義是絕對無可能的，你就放鬆自己，沉醉於一個單純的默觀凝視，保持著一種平和的專注，曉得祂隱藏於雲深之處，並感覺到自己被吸引進入那個隱密處。

從那一刻開始，你應該盡量保持自己的禱告單純簡短。

當你再次可以恢復默想的時候，就默想好了。如果你得到一個意念，繼續思想下去，但要不帶一絲興奮。以閱讀和敬拜禮儀餵養你的心思，如果你簡單的禱告的幽暗變得太過緊張——又或者退化至令你覺得遲鈍瞌睡——你可以開聲禱告或以傾訴愛慕之情去化解，但不要為了想得到一些意念或覺得火熱而強迫自己。不要為了實現傳統默想書籍所介紹的精巧前景而浪費精力，以致令自己不安。

第三十章
使人分心的事

禱告和愛其實是在沒辦法祈禱、心也硬了的時刻才能真正學懂的。

◆ ◆ ◆

如果你從未遇過令你分心的事，你便不懂如何禱告。因為禱告的祕訣在於渴慕神和切望能見到神，這種饑渴遠比語言和感情的層面深刻。當一個人的記憶和想像力使用大堆無用、甚至邪惡的思想和意象來逼迫他的時候，有時他會被迫從飽受摧殘的心靈深處發出禱告，他會比一個腦海中浮游著明確的觀點、非凡的意圖、舉手之勞的善行的人，更善於禱告。

所以因為不能擺脫令你分心的事而煩躁是無用的。首先，你要明白，那是禱告生活通常都不能避免的事。默觀生活的一個正常考驗就是：下跪和忍受被荒唐無意義的意象怒潮所淹沒是必然的事。如果你認為不得不用一本書，像將要沒頂的人死抓著稻草一般緊抓書中的句子，方能擋開這些使你分心的事，你有權這樣做，但是如果你容許自己的禱告退化成一段僅僅是閱讀屬靈書籍的時間，你就會失去很多很多果子。倘若你耐心地抵抗使你分心的事，從自己的無助無能中學習，你會得益更多。假如你的書本只是一劑麻醉藥，它不但不能幫助你默想，更可能會破壞你的默想。

◆ ◆ ◆

你有使你分心的事，其中一個原因是：在默想之中，心思、記憶和幻想惟一的工作，就是將你的意志帶到目標——就是神——的臨在當中。如果你已經練習默想好幾年，只要你安靜下來準備祈禱，你的意志就會自然而然地平靜下來，做自己應做的事：暗暗地靜靜地愛神。因此你的心思、記憶和幻想都沒有甚麼真正的工作可做。意志忙個不亦樂乎，卻是失業的。於是，一會兒後，你潛意識思想的門就會半開，種種奇形怪狀的物體開始在畫面上到處游走。你若是聰明的話，就不會加以注意，而會保持單純的注目於神，維持意志安祥地、單純地渴慕神，讓這惱人的電影斷斷續續的光影在遙遠的背景晃來晃去。假如你真的意識到它們的存在，也只是因為你想起你拒絕它們的騷擾。

聖人最害怕的一種令人分心事物一般都是些最無害的東西。但有時敬虔的男女會為默想而折磨自己，因為他們想像自己「贊同」幻想中所杜撰卻又無力中止的、一個猥褻和有點兒白癡的諧謔表演。他們受苦的主要原因乃是，他們無望地努力阻止這些意象不停游轉，以致神經緊張，令事情更壞百倍。

如今他們已變得如此的緊張不安，他們若是有甚麼幽默感的話，均已棄他們而去了。然而在這般時刻，幽默感卻可能是其中一個最有用的東西。

這些事並沒有甚麼真正的危險。但有害的分心事物卻是那些將我們的意志引離其對神深切平和的專注，轉而推敲一些自己日間工作掛心著的計劃。一些非常吸引及佔據我們意志的論點紛紛橫阻在我們面前，很容易便害得我們的默想瓦解為一段腦部活動時間，想著怎樣撰寫信件或講章、演講、書籍，或者更差的是，計劃怎樣籌款、照顧自己的健康。

肩負重任的人會難以推掉這些事務。它們會不斷提醒他自己是甚麼人，也會警誡他不要太專注於活躍的工作，因為倘若你不減低默想時間以外的工作壓力，那麼無論你在默想時怎樣努力想驅走腦海中那些物質東西，都沒有用。

然而在這一切之中，禱告的精髓乃在於祈禱的意願，而要緊的是想尋求神、看見神、愛神的心意。如果你渴望認識祂和愛祂，你已經達到對你的期望，而如果你不能清晰地思想神卻仍然渴慕神，就遠比對神抱著奇妙的想法卻又一點也不想與祂的旨意相連要好。

無論你有多分心，都可以祈禱，你只需努力安靜地、甚至啞口無言地，專心仰望神；不管腦海裏浮過千絲萬縷思想，神都與你同在。祂的臨在並非取決於你有沒有想到祂。祂是始終如一的與你一起；如果他不是與你同在，你甚至不可能存在。我們必須藉分心和試探的風暴得以煉淨，而常常記住祂始終如一的同在，就是我們的思想與心靈在風暴中最可靠的錨。

第三十一章
理解的恩賜

默觀是神造我們的原因；我們靠賴默觀認識和愛神的本體，在一個出乎本性的理解所不能及的、深入而生動的經歷中領悟祂。雖然是絕對超乎我們的本性，但是聖多瑪斯卻說默觀是我們特有的素質，因為默觀充份發揮我們裏面深藏的能力，而那是神定意不可用任何其他方法做到的。因此，所有達到了受造目的的人在天堂都會是默觀者：但很多人也注定於仍然在世的日子進入這個超自然的素質，呼吸這新空氣。

既然默觀是神為我們設計、成為我們真正而特有的素質，當我們初次嘗試默觀的時候，就會驀然驚覺一種既新鮮又熟悉的味道。

雖然你對默觀應是怎樣的，已有一套完全不同的看法(因為沒有一本書能夠給人一個恰當的默觀理念，除非看書的是過來人)，但是結果默觀卻又似乎是你一直都知道理應是如此的。

默觀傾進我們心靈的滲透光那份絕對的簡潔明白，猛然喚醒我們進入一個嶄新的意識水平。我們進到一個從來未想過的區域，但這個新世界卻又好像很熟悉和清楚。我們舊有的感官世界如今卻好像是個陌生、遙遠、不可信的世界——直至默觀的強光離我們而去，我們跌回自己的水平為止。

◆ ◆ ◆

默觀者對愛純淨安寧的理解，令他能夠看見真理，與其說看見，不如說被吸收入真理裏面。與這種理解比較，一般的看見和知道的方式都充滿了盲點、人為努力、不確實。

跟這個醒悟——即是默觀——比較，最尖銳的出乎本性的體驗就有如睡覺。與這祥和的理解相比，最強烈最肯定、出乎本性的確信都是一場夢。

我們的心靈從大地升起，像雅各自夢中醒來，高呼：「耶和華真在這裏，我竟不知道！」〔譯按：錄自創二十八16〕神自己成為惟一的實體，在祂裏面一切其他的實體各就其位——都變得不重要。

雖然這光絕對是超乎我們的本性，但如今我們看，並沒有用肉眼去看，卻是「正常」和「自然」地看，在黑暗中擁有澄明，有一種純淨的、不帶絲毫不著邊際的證據的確信，充滿一種超越經歷的體驗，以及帶著沉靜的自信進入令我們完全無法言喻的深處之中。

「深哉！神豐富的智慧和知識。」〔譯按：錄自羅十一33〕

我們生命的核心開了一扇門。我們好像穿過那門，跌進了極深之處。雖然那些深處無邊無際，但又都是我們可以理解的；好像在這個平靜屏息的接觸之間，永恆盡都屬於我們了。

神用一種屬乎虛空的接觸觸摸我們，並倒空我們。祂用一種簡化我們的簡約感動我們。所有的多樣化，所有的複雜性，所有的悖論，所有的多重性，全都止息了。我們的思想浮游於一種明瞭的氣氛中，一種幽暗、平靜、包含一切的現實中。不再渴求甚麼。不再想要甚麼。我們惟一的憂傷——倘若還可能有憂傷的話——就是意識到我們仍然活在神以外。

因為已經有一種超自然的本能教會我們，這在我們裏面張開了的自由深淵的作用，乃是將我們從本身的自我完全拉出來，進入其廣大無限的自由和喜樂。

你似乎仍是原來那個人，而你確是一如故我：實際上你比從前任何時間都更是你自己。你只是剛剛開始存在。你好像覺得自己終於百分百誕生了。從前的一切都是一個錯誤的、為誕生而笨手笨腳地作出的準備。如今你出來、進到自己的本質去。然而如今你卻變得微不足道。你墮進了自己的貧窮當中，在那兒你感到中門大開，通往無限的自由，通往一種完全的財富；那財富是完全的，因為它一點也不是你的，但又全都屬於你。

如今你可以自由地進出無限了。

幽暗在你裏面大大張開，充滿自由與歡欣；試圖探索這幽暗的深處是無益的。

那些深處不是一個地方，不是一個限度，它們是巨大順暢的活動。這些深處，它們是愛。而在你們中間，它們形成一塊遼闊、堅不可摧的國土。

沒有甚麼能夠滲入那和平的中心。外面沒有甚麼能夠進去。甚至你自己的活動也有一整個範圍被拒於那美麗輕柔的夜以外。五官、幻想、絮絮不休的心思、如饑似渴的欲望，都不屬於那個無星的天空。

而你，雖然來去自如，但一旦試圖以字句或思想去形容它，你便被拒諸門外——為了說話，你回到你的外面那裏。

然而你發覺，自己可以在這幽暗和這深不可測的平安之中安息，了無煩惱、毫無焦慮，即使幻想與心思仍在門外有點兒蠢蠢欲動。

只要它們閑著、等待它們聽命於她的女王——意志——回來，它們便會站在門廊上瞎說一通。

不過它們若是緘默無聲就更好。然而，如今你已知道那並不由得你。那是一份恩賜，來自那平靜的幽暗的心懷，而且完全視乎愛的決定。

這個武裝了、圍起了牆、專心一意、內在的平安是樸實無華的，而在這樸實之中有著無邊的慰藉，你一旦抓住它，它就失去味道。總之你不要伸手取過來歸於自己名下。不要摸它，或嘗試抓住它。不要嘗試令它甘甜一點，或嘗試保存它、不讓它朽壞……。

默觀中的心靈景況有點像亞當和夏娃在伊甸園中的景況。萬物都是你的，但有一個無限重要的條件：萬物都是**賜予**的。

◆ ◆ ◆

沒有甚麼是你可以索取的，沒有甚麼是你可以要求的，沒有甚麼是你可以**取去**的。假如你想把一件東西當是自己的取去——你就失去你的伊甸園。手執火焰劍的天使抵禦一切細微獨特的自我(selfhood)，抗衡那會說「我想……」、「我需要……」、「我要求……」的「我」。進入樂園的不是個體，而是**人**的整體。

只有最大的謙卑才能給予我們那直覺的敏銳和謹慎，防止我們伸手摘取在幽暗中方能明白和細味的歡樂及滿足。我們為自己要求甚麼的那一刻，甚或相信憑自己可以令這種在神裏面純全平靜的安息變得更深更強烈的那一刻，我們就褻瀆了和浪費了那完全的恩賜，而那恩賜是神想在我們自己的能力緘默靜止下來之中傳送給我們的。

如果有一件事是我們一定要做的，那就是：我們必須自生命的極深處領悟到，這純然是神的恩賜，那是我們的意願、努力或英勇行為都不能令我們配得或贏取的恩賜。我們不能直接做些甚麼去獲取、保存或增加這個恩賜。我們自己的活動大多數都阻礙這祥和、安撫人心的光注入，惟一的例外是，神或會要求我們藉著愛或順服而有所行動或工作，並透過那些行動和工作保持與祂深入試驗式的聯合，而這是出於祂自己的喜悅，不是由於我們的忠誠。

充其量我們只可以令自己願意領受這偉大的恩賜，辦法是安息在自己的貧窮心境之中，盡力保持自己心靈一點也不渴求一切討好和佔據我們本性的東西，不管那些東西本身是多麼的純潔或崇高。

當神在默觀中向我們顯現祂自己時，我們必須隨祂的顯現而接受祂，祂的隱藏、祂的緘默，不要用那些屬於我們自己、乏味吃力的存在水平的言詞論據和觀念行為去打擾祂。

我們要以感恩、高興、喜樂，歡歡喜喜、自由自在地回應神的恩賜：不過在默觀之中，我們較少用言語感謝祂，較多以平靜的快樂默默接受。「你要倒空，要看見我是神。」在祂的實在的深淵面前我們倒空自己，在祂無限豐富的緘默面前我們靜默不言，在祂平靜的幽暗的懷中——祂的光吸引我們全神貫注——我們高興快樂，而讚美祂的就是這一切。這令我們對神的愛、讚歎、敬拜在我們裏面浮現，好比平安的深處翻起了浪潮，拍上我們自覺的海岸，濺起一陣巨大、靜悄悄、難以言喻的頌讚激浪，讚美與榮耀！

神這個澄明的幽暗是基督在八福的第六福中所指的清心。*Beati mundo corde, quoniam ipsi Deum videbunt*（清心的人有福了，因為他們必得見神）。而這清心最少會帶來短暫的釋放，脫離意象和觀念，脫離一切人的欲望所渴求的東西的形式和影子，甚至脫離我們一般用來思想神的軟弱虛妄的比擬的羈絆——不是要否定那些比擬，因為它們在其所及範圍內都是真確的，而是暫時令它們無用武之地，因為在那深入刻骨的經歷之肯定理解中，它們全都應驗了。

◆ ◆ ◆

神在我們裏面鮮明的幽暗之中，有時會出現陣陣愛的深層移動，完全地釋放我們片刻，讓我們脫離自私的舊包袱、躋身屬於天國的孩童之間。

當神容讓我們退回到自己的渴望、判斷和試探所造成的混亂之中，我們就懷著一道疤痕，蓋過那喜樂一度在我們心中歡欣莫明的地方。

那道疤痕灼痛我們。傷口在我們裏面隱隱作痛，我們記起自己已退回到不是自己的境地，但又還未獲准留在神原要我們去的地方。我們渴望能去祂命定給我們之地，我們泣求這純潔的貧窮能趕上我們，擁抱我們在它自由的懷中，永不放我們走。那時我們就永不會離開單純的人和孩童的樂園，退回到一本正經的論壇，世上的聰明人在那兒憂憂愁愁地上下遊走，為不可能存在的快樂設下他們的陷阱。

這就是理解的恩賜：我們走出自己，進入虛空、無有的喜樂，在那裏再沒有任何知識的獨有目標，只有神無限、無瑕、無污的真理。這清潔的光，讓你一嚐樂園的味道，超越一切驕傲，超越評註，超越所有權，超越獨處。它在人人心內，又是人人都可得的。它是在每個人心裏照耀的真光，「照亮一切生在這世上的人」〔譯按：出自約一9〕。它是基督的光，基督「站在我們中間，我們卻不認識祂」〔譯按：參約一10〕。

第三十二章
感官的黑夜

展開潛修默觀生活，不一定要在傾入心田的強光之中對神有明確的經歷。能夠脫離靈裏一般千方百計要做點事的那種視障和無助感，始終是比較罕有的時刻。這些突然而強力一閃的理解，並不難辯認；這些鮮明的「幽暗光束」直擊心靈深處，改變一個人的整個生命方向。它們帶著自己的信念而來。它們擊倒視障，使之如鱗片一樣從我們的眼睛落下。它們在我們心田植下的肯定，實在太深厚、太平靜、太新穎，以致絕不會被誤解或很快便忘記。

但是如果有人要等到有那種鮮明的經歷才成為默觀者，他或許要等上好些日子——也許要等上一輩子。又或者他的期望會落空。

一般來說，心靈都不是靠突然靈光一閃而從神學到默觀的，卻是在不知不覺間，慢慢逐步學會。事實上，若不是長期耐心試驗、在純信心的幽暗中慢慢前進而打下基礎，就絕不可能實實在在的學會默觀。因為零星幾次悟性與智慧的靈光閃耀，儘管很強烈，卻並不能令人成為名副其實的默觀者；只有當默觀禱告差不多成為習慣時，才算得上是真的名實相符。

同時，我們要記得一個奇妙的事實，有些禱告者會不自覺地踏進默觀的門檻，留在那兒而不知自己身在何處。首先，他們不知道如何評價或欣賞這隱蔽的對神的知識，因為他們還以為內在生命進步就是人愈來愈澄明、知識愈來愈明確、激情愈來愈有理智。因此可能發生的是，當他們準備好「誕生」為默觀者時，他們會以為內在生命，就他們而言，已經差不多完蛋了。他們感到挫敗混亂。他們相信自己走進了死胡同。然而，也許倘若他們只要忍耐一下、謙虛地守候、忘記自己、信靠神，便會慢慢靜靜地覺悟到，這完全不是一條死胡同。他們會看見在這個表面上幽暗失意的景況中，他們正在重新調整自己，他們正平和溫柔地被煉淨，除去一切虛假的盼望和虛幻的構想，預備好踏上沙漠之旅。這個旅程，在歷盡艱辛之後，最終會引向應許之地。

◆ ◆ ◆

我們永遠不要忘記，一般通往默觀的路都要穿過一個無樹木、無美景、無水的沙漠。心靈進到曠野，摸索著前進，那方向似乎領我們偏離異象、偏離神、偏離一切的滿足和喜樂。我們漸漸差不多不能相信這條路還會引到甚麼地方，除了那枯骨滿佈的荒涼——我們的盼望和良好意願的廢墟。

大多數人給這曠野的前景嚇壞了，以致他們拒絕踏上其炙熱的沙土、在岩石間行走。他們不能相信默觀和聖潔要在荒涼之地才找得到，那兒無食糧、無藏身處、無提神劑供應他們的想像和理智、以及供他們本性的欲望使用。

他們堅信用來測量完全的尺度，應是對神超卓的直覺和因愛而火熱的意志所抱的強烈決心。他們確信聖潔只在乎合理的熱心和有形的成果。因此，如果默觀不能令理性快樂、不能賦予思想和意志安慰及合理的喜樂，他們就不要跟這種默觀拉上關係。他們想知道自己往何處去，和看到自己在做甚麼，他們一旦進到自己的活動變得癱瘓、結不出有形果子的範圍之內，就會轉身返回青葱的大地去，他們在那兒可以肯定自己有事可做、有目標。

即使他們達不到熱切冀求的果效，最少也可以叫自己相信自己已取得長足的進步，因為他們唸了大堆禱文、多多禁欲、講了多篇道、讀了(或許還寫了)很多書和文章、翻閱過不少有關默想的書籍、購買了數以百計各種新出版的靈修書籍、到過世上不少地方朝聖。不是說這些事物本身有甚麼不好：但是在人的一生中，有時這些事物可以成為一種逃避、止痛劑、避難所，逃避在黑暗、隱藏、無助中受苦的責任，逃避容讓神清除我們虛假的自我、塑造我們成為真正應該成為的人的責任。

◆ ◆ ◆

當神開始將祂知識和明白的光注入那被吸引到默觀之中的人的靈裏時，那經歷往往是失敗多於滿足。

人的心思發覺自己正忐忑地進入一個陌生而寂靜之夜的陰影當中。夜十分安靜，但卻叫人非常惱怒。思想變得拘束困難。對內心和屬靈的活動升起一種異常沉重的厭倦和厭惡感覺。而同時，心靈又反複出現一種恐懼，害怕這新發現的無能是一宗罪，或者標誌著一種瑕疵。於是就強迫思想和意志做些甚麼。有時還會瘋狂地努力擠出一點激情的感覺；那卻剛巧是可做的事中最壞的一種。曾幾何時，對神所懷的美好形像和觀念都全部消失，或都被扭曲了，變得可厭可怕。無論在哪裏都找不到神。這死氣沉沉的洞穴的牆壁將祈禱的字句化為空洞的迴響。

倘若有人在這黑夜中讓自己的靈不能自制地害怕或不耐煩和焦慮，他就會停滯不前。他會折磨自己，扭扭轉轉，千方百計想看到一絲亮光、感受一點溫暖、重拾舊時那些已無法還原的安慰。最後，他會迴避黑夜，盡己所能利用第一道射進來的光麻醉自己。

但是又有另外一些人，不管在神剛開始帶領他們走進曠野中的日子，受過多少困惑不安之苦，他們仍然感到被牽引，朝著荒漠腹地愈進愈深。他們不能思想，不能默想；他們幻想種種不想見到的東西，令他們飽受折磨；他們的禱告生活沒有亮光、沒有歡樂、沒有任何敬拜的感覺。

但另一方面，他們直覺上感受到那存在於這幽暗的核心中的平安。有東西提醒他們要保持靜止，信靠神，安靜聆聽祂的聲音；要忍耐，不要激動起來。不用多久，他們便會發覺多方嘗試默想都無效，只會令他們煩惱不安；但同時，當他們在赤裸裸的真理的緘默中保持安靜、在單純坦率的意識之中安息、專注於那叫他們困惑的幽暗時，一股微妙而難以確定的平安便會開始滲進他們的心靈，以一種深邃而無法解釋的滿足感充滿他們。這份滿足感既稀薄又陰暗，不能抓住或辨認，隨時會滑出焦點以外溜走，不過卻是存在的。

它是甚麼？很難説：但人會覺得不曉得甚麼緣故，可以將它總結為「神的旨意」，或者簡單一點，就是「神」。

第三十三章
曠野之旅

人若不容許心靈被枯燥無助感打倒煩擾，卻讓神帶領他安然走過曠野，並且除了對神單純的信心和信靠，便不求其他支持和引領，就會被帶到應許之地。他會嚐到與神聯合的平安和喜樂。他雖然沒有「看見」，卻有一種慣常的、安慰人心的、隱蔽的、神祕的意識，知道在生活的一切事上有神的同在和作為。

人若不怕將所有的屬靈長進全拋到神的手裏，並將一切必須從神而來的禱告、美德、優點、恩惠和所有的恩賜都交給神保管，很快便會被帶領達到與神聯合的平安。他的平安將會更加甘甜，因為那平安是了無牽掛的。

◆ ◆ ◆

正如信心之光對頭腦而言是黑暗，因此在默觀和滲透的愛之中，頭腦和意志至高無上的超自然活動起初就會好像靜如止水。此所以我們天賦的官能變得焦躁不安，不肯噤聲不動。這些官能要做自己行為的惟一動因。他們想到不能憑一時衝動而行，就覺得痛苦受辱，難以忍受。

不過默觀把我們提升至超越我們天賦能力的範圍。

當你坐的飛機靠近地面飛行時，你會感覺到自己正在往前行：但是升到平流層之後，即使以七倍時速飛行，你都會失去一切速度感覺。

◆ ◆ ◆

我們一旦感受到任何合理的迹象，表示神正吸引心靈進入這個默觀之道，就應繼續平靜地祈禱；這禱告應是絕對簡化的，不作行動或反思，不存意象，只帶著虛空及警覺的期望等待神的旨意在我們身上得以成全。這等待應該不帶任何焦慮，對於我們知識或記憶範圍以內可得的經歷也不蓄意存有任何渴求，因為任何可以掌握或明白的經歷都會有所不足，也配不上神想領我們心靈達到的境界。

臨到這一步，人們會提出的最重要的實際問題是：有甚麼迹象告訴我們，放棄正統的默想而安歇在這多少是被動的期待是安全的？

首先，如果默想和熱切禱告是容易、自發、有效的，就不應放棄。但是如果默想和熱切禱告實際上已經變得不可行，或簡直令頭腦和意志麻木疲憊、充滿厭惡感，或令頭腦和意志枝節叢生，還要強迫頭腦要思想精確、意志要做出一連串特定行動，那就只會有害無益。你的想像力(儘管仍然頗為活躍)不再給你帶來歡樂和果效，即使所想像的是最引人的、出乎本性的或甚至是屬靈的事物，仍只會令你睏倦不安，那是一個信號，或許你應該放棄主動的默想。倘若，你同時因為單純而忠實地期望會得到從神而來的幫助而找到實在的平安和結出果實，那樣做比逼迫你的頭腦和意志，吃力不討好地硬要敲出一些想法和愛慕之情要好。因為倘若你反省自己的景況，很容易便會發覺自己的思想已沉醉於一個對神的浩大隱藏的思維之中，而你的意志會被一種盲目、到處摸索、對神半明半暗的渴慕所佔有，若不然就會被這種渴慕纏繞。兩者結合起來，就在你裏面產生焦慮、陰暗和無助感，弄得清晰特定的行為馬上變成那麼艱難、那麼枉費心機。假如你容許自己保持靜默虛空，你會發覺這份在視障幽暗之中尋找神的饑渴會愈來愈嚴重，而同時，雖然你還未找到甚麼可觸摸到的東西，平安自會在你靈魂中立足生根。

另一方面，如果放棄默想僅僅是使頭腦變得呆滯、意志變得遲鈍，你挨著牆，默想半個小時，想著晚飯該吃甚麼，那麼你最好還是找些確實一點的事做。畢竟，懶惰很多時都有可能裝扮成「默禱」或「簡單的祈禱」登場，繼而退化為麻木和睡眠。單是不動並不會順理成章地把你化為一個默觀者。

有時，這正是書本可以幫助你的時候。使用聖經或某類屬靈書籍「作個開始」，甚至展開一種不用太多實際「思想」的禱告，也是頗為正常的。你若找到吸引你的段落或句子，就不要讀下去，將內容在心中反復思想、吸收、默觀，安然享受這種籠統的、寧靜的、毫不費力的思考，思想的不是細節而是整體，全面的擁抱與品嚐：然後從這個境界進而安然地默默期待神。如果你覺得心神不定，再捧起那本書，讀一遍那句句子，或者另一句也行。你這樣展開內心的禱告，不單可以使用一本書，也可以凝望一幅圖畫或一個十字架，或者最好是在聖餐的酒和餅之前，但走到林中、或在樹底下也是好的。環顧寧謐風景、田野山丘，都足以令默觀者一次數小時地漂浮於他的平安和希望那寧靜內在的潮汐之中。

◆ ◆ ◆

默觀禱告欠缺活動只是表面所見。在外表之下，心思與意志被引進一個深入、強烈、超自然的活動軌道之中，而那活動溢進我們整個生命裏，結出數之不盡的果子。

沒有一種禱告是完全甚麼也不做的，沒有這麼一回事。如果你甚麼也不做，你就不是在禱告。另一方面，倘若神是你內在活動的源頭，你感官的工作就可能完全超乎意識的估計，其結果或許也不能看見或明白。

默觀禱告是個深入而簡化了的屬靈活動，心思和意志在其中安然地、統一而簡潔地集中在神身上，轉向神，一心一意專注於祂，全神貫注於祂自己的光，用的是一種單純的凝望，是完美的敬拜，因為它默默的告訴神，我們已捨棄一切，甚且想為祂而脫離自我，只有祂才是對我們重要的，只有祂才是我們的渴望和生命，再沒有甚麼可以給予我們任何喜樂。

在這幽暗的旅途上，你最需要的是堅定地信靠神的帶領，並勇敢地為神冒失去一切的風險。在很多方面，這旅程似乎是一場愚蠢的賭博。而你可能會犯很多錯誤。你很能夠欺騙自己。謙遜溫順地順從一位優秀導師的帶領，可以中和你自己犯錯的影響。即使你的導師本人也不一定總是對的。但你必須信靠神，祂能「撥亂反正」，從惡中帶出極大的善。默觀生活中要緊的不是你或你的導師總要是絕對無誤的**正確**，而是要你英勇地忠於恩典、忠於愛。如果神呼召你趨前就近祂，祂已默允你得到往祂那裏去所需要的一切恩典。你必須不顧一切的忠於這個應許。

第三十四章
錯誤的激情

在任何程度的屬靈生命之中，甚且是在完全沒有屬靈生命之處，一個人都可能會覺得自己捲進了一股激昂的宗教熱情之中，洋溢著一種理智的、甚且是充滿柔情的、對神和對人的愛意。倘若他全無經驗，就會以為自己非常神聖，因為他內心充滿神聖的感覺。

這一切都沒有甚麼意義可言。只是一種由某些歡愉所引發的理性麻醉，與小孩子看電影時偶而落淚沒有太大分別。

這些激情本身是中立的，可以作善或惡之用；而對於那些剛剛展開屬靈生命的人來說，這些激情通常都是必要的。但即使是初學者，依賴這些激情也是愚蠢的，因為遲早都要棄而不用。事實上，他的屬靈生命不會真正展開，直等到他多少學會在沒有情感刺激之下生活。

即使在我們進入默觀生活之時，我們仍然帶著自己的熱情和自己的理性，好比帶著大量沒有妥為保存的汽油一般。有時，默觀的幽暗之中生發的星火，偶而落在燃料上，爆發出感情和感官的燎原之火。

整個心靈都受到震動，突然湧現的醉人喜樂或襲人的懊悔使人暈眩；這可以是良好健康的，但仍然或多或少屬於肉體的層次，儘管燃點起這火燄的火花或許有其超自然的來源。

火焰突然爆發焚燒，不消一會或半小時後便熄滅。火燒著時，你嚐到一陣強烈的快感，而那快感有時更帶有騙人的崇高味道。但這種喜樂偶而會出賣自己，發放某種屬於肉欲層次的沉重感，從而道出其本來面貌：粗糙的情感。它有時甚至會生出良好的自然效應。奮鬥辛勞多日之後，節日突然引發的靈性奮興可以令你振奮起來。但是一般而言，這陣騷動的效應只不過是自然現象而已。當一切過去之後，你得到的益處跟喝了幾杯香檳或者暢泳一番之後所得的無甚分別。因此，在那個層次上，也可算是好事。

然而，危險卻在於你會不當地倚重這些宗教情緒的表現。其實這些表現一點也不重要，雖然有時是無可避免的，但並不表示追求這些表現是智者所為。事實上，凡在操練內在生命上接受過任何訓練的人都知道，過份致力追求這些慰藉算不得是明智之舉。儘管如此，很多人好像完全不為宗教理性元素所動，卻熱衷愛好傷感的圖畫、多愁的音樂、催淚的屬靈書籍，從而顯出他們整體的內在生命，要不是追求「內心話語」，也許還淡淡地隱隱希望得見一兩個異象，以及最終得見聖疤，就是集中於追求「亮光」、「慰藉」、「懊悔之淚」。

◆ ◆ ◆

對於真正蒙召習練潛修默觀的人，這種對「經歷」的愛好可以是內在生活其中一個最危險的障礙，是令很多準默觀者以觸礁告終的石頭。而這愛好更是格外的危險，因為即使是在默觀修道會的院宇之內，人們也不一定正確和清楚地了解神祕默觀與所有這些附帶事物、經歷、表現和奇事之間的分別；而這些附帶事物、經歷、表現和奇事，可以是超自然的，也可以不是，並且與聖潔或真正默觀的核心那純潔的愛並無任何基本的連繫。

◆ ◆ ◆

因此，對這些情感的爆發最健康的反應，就是對它們帶來的歡愉和興奮暗藏反感。你認識到這些東西不能帶來真實的果子或長久的滿足。它們不能告訴你甚麼有關神或你自己的可靠事情。它們不能給你甚麼真正的力量，有的只是短暫的聖潔幻覺。而當你累積更多經驗之後，便認識到它們多方的矇蔽你，多麼容易便能夠欺騙你、導你入歧途。

假如你知道甚麼有可能會引起這一切，你便會努力脫離、避開惹起這一切的場合。但你不會以暴力反抗，令自己不安；對它們保持一種平和的漠視已經足夠。

你若無能為力，阻止不了那些癡醉和屬靈喜樂的感覺，就以耐性、以保留、甚至以某種謙遜及感激去接受，明白到如果不是內心剩餘這麼多出乎本性的精力，便不會經受那種興奮。你不再接受它們任何過份的要求，並將其餘一切都交給神，等候那一刻，你被釋放進入真喜樂、那默觀者的純屬靈喜樂之中，你的本性、感情、自我在其中不再放肆，你反而會全神貫注、全然投入其中，不是官能的眩暈酒醉，卻是心靈在神裏面得釋放所享的清潔、極其純潔的陶醉。

熱情和感情在禱告生活中的確佔一席位——但必須先淨化、守秩序、順服最崇高的愛，然後才可以分享心靈的喜樂，甚至以自己卑微的方式作出貢獻。然而在它們達到屬靈的圓熟之前，即使在禱告的「慰藉」之中，仍須堅決和有保留地對待那些熱情。它們何時才達到屬靈的圓熟呢？要待它們變得純淨、清潔、溫柔、安靜、不兇暴、忘記自己、超脱，而最重要的是，等到它們對理智、對恩典謙卑順服之時。

第三十五章 捨棄

通往默觀之路是隱蔽的，隱蔽得甚至不再激動人心。當中沒有甚麼英勇、或甚至不尋常的東西，可以抓住、珍惜。因此，對默觀者來說，世上所有貧窮、乏味、被遺忘的人的生活特徵：日常一成不變的工作、貧窮、辛酸、單調，都有極崇高的價值。

基督來到世上塑造默觀者、教人成聖禱告之道，可以很容易便吸引一羣苦行者到身邊；那些苦行者可以使自己活活餓死，以古怪的催眠狀態嚇人。但是祂的使徒都是工人、漁民、稅吏；惹人矚目也只因他們每多漠視專司聖職人士錯綜複雜的禮拜、儀式和道德修養。

最確實的苦行就是真正貧苦人士辛酸的朝不保夕、勞苦、無足輕重感。要完全倚賴他人。被忽略、被鄙視、被遺忘。不太曉得何謂名望安舒。為微少金錢而受命於人、辛勤作工，或者甚麼金錢回報也得不到：這是一個艱苦的訓練場，大多數最敬虔的人都盡可能避之則吉。

也不能完全怪責他們。那樣子的慘狀、那樣子的貧困，斷不是通往默觀聯合的途徑。我的意思當然不是說，要做聖人就必須住進貧民窟，或者默觀修道院要致力仿造經濟公寓式的生活。造就聖人的不是污穢和饑餓，甚至不是貧窮本身，而是對貧窮、對窮人的愛。

然而，確實需要某程度的經濟安全感方能提供最低限度的穩定，否則很難學習禱告生活。但是「某程度的經濟安全感」不是指生活舒適，每個身體需要和每個心理需要都得到滿足，以及高生活水平。默觀者需要適當的溫飽住宿。但他也要分擔貧窮人的一些艱辛。他需要能夠老實真誠地與窮人認同，能夠透過他們的眼睛看生命，並且因為自己實在是他們的一分子而這樣做。這不可能成真，除非他在某程度上分擔貧窮的風險：即是說，除非他要做很多自己寧可不做的事、耐心忍受很多的不方便，儘管有很多東西都可以好得多，但仍滿足於現狀。

很多篤信宗教的人都説自己愛神，但是一想到真實得等如朝不保夕、饑餓、骯髒的貧窮，就感到嫌惡害怕。不過你卻會見到有人下去與貧窮人同住，不是因為他們愛神（他們是不信神的），甚至不是因為他們愛窮人，而是因為他們恨惡有錢人，想煽動窮人也恨惡他們。如果人可以為著憎恨的惡毒快感而忍受貧窮，為甚麼那麼少人肯為了愛而成為窮人，好能在貧窮中找到神，並把祂帶給其他人呢？

◆ ◆ ◆

儘管如此，不要以為若非一生外表總是可憐兮兮、令人厭惡，就不能成為默觀者。節儉辛勤地過活、倚靠神而不是依賴我們不再擁有的物質、雖然別人或許不是始終如一的關心善待我們，但仍盡己所能與人和睦共處，這一切加起來便會形成一種和平、安寧、滿足、喜樂的氣氛。甚至還會洋溢著某種自然的秀美；事實上，比起那些以為金錢可以買到美麗、可以用愜意物品堆滿身邊的人苦心經營的生活，勞動貧窮生活的簡樸有時可能更加美麗。到過法國或意大利農民居所的人都會明白這點。

苦修會修道院的生活基本上是農民生活。愈是接近那些要以耕種維生的人的貧窮、儉樸、簡約，就愈符合其基本目的，就是使人願意進入默觀。

修道院貧窮是好的。修士們衣衫單薄、補釘處處，需要倚靠田產多於倚靠彌撒俸給或捐助者的禮物，卻仍要甘之如飴，這是好的。然而，修道院的貧困不應超過某一個極限。對修道士，或者對任何人而言，赤貧都不是好事。如果你經常患病，或者餓得要死，還要因拼命保持靈肉一致而受盡折磨，就不能期望你過默觀生活。雖然修道院貧窮或許是好事，但是如果院內窮困得實在太厲害，萬事都要讓路給體力勞動和物質牽累，一般修士的靈性也難以興旺。

◆ ◆ ◆

很多時，一位整生都花在製乾酪、烘麵包、補鞋子、趕騾子上面的年長弟兄，比起一名熟悉所有聖經和神學、熟讀偉大聖徒和神祕主義者的著作、有更多時間默想和默觀禱告的教士，會是一個更偉大的默觀者。

然而，雖然這或許是相當真確的事——而且實際上已經是耳熟能詳得成了陳腔濫調——但仍不應令我們忘記，在默觀生活中，學識佔了一個重要的席位。也不應令我們忘記，智力操作，若做得恰當，本身就是謙遜的學堂。那老生常談將「製乾酪的老弟兄」與「傲慢理性的教士」對照，往往成為輕蔑和迴避研究神學那不可缺少的努力的藉口。修道院裏有很多人謙卑地致力勞動工作，這是很好的：但如果他們同時也是學者和神學家，這就更能凸顯他們的謙卑和參與勞動的重要性。

謙卑的含義，首先是對自己生活中的責任存一份熱誠的接納。如果一位應該熟讀神學的教士托辭要保持謙虛簡樸而不願意用功，導致自己無力給別人忠告和帶領，這就算不得謙卑了。實際上，有時人們在默觀者之中會見到一種自詡無學識的傲慢，一種倒轉過來的知識分子的勢利，一種對神學沾沾自喜的輕蔑，好像單是甚麼也**不**太懂這事實就能自動提升默觀者的地位。

默觀決不是反對神學，事實上它反而令神學正常地漸臻完美。我們切勿將理性地研讀屬天啟示的真理與默觀那真理的經歷分開，好像兩者永不可能有任何相干。相反，兩者其實只是同一件事的兩面。教條主義與神祕主義的神學，或說神學與「靈修學」，不應劃分為兩個互相排斥的類別，好比神祕主義是為神聖婦女而設，而神學研究則屬於老練但——很可惜——不聖潔的男人。這錯誤的區分或許很大程度上解釋了神學和靈修學兩者實際不足之處。但是兩者是合成一體的，正如身體與靈魂是合成一體的。除非兩者聯合起來，否則神學就不會有熱情、不會有生命、不會有屬靈價值，默觀生活也不會有實質、不會有意義、不會有肯定的方向。

◆ ◆ ◆

如果你想成為默觀者，第一件要學的事就是不要好管閒事。

假如一個人貌似神聖，心中卻有一股不耐煩的欲望要改變其他人，那就沒有人比他更惹人懷疑了。

冥想的一個嚴重障礙乃是一種狂癖——熱中於指導那些自己未曾受命要指導的人、改良那些自己未被要求去改變的人、糾正那些自己無權管轄的人。你怎能做這等事情而又保持思緒安寧呢？棄絕這種對別人事務無聊的關注吧！

盡量少留意別人的過錯，並且完全不理會別人與生俱來的缺陷和怪癖。

◆ ◆ ◆

所有聖潔都取決於一個大前題，就是捨棄、超脫、克己。但克己並不在我們放棄一切蓄意形成的錯誤和缺點之後就完結。

保守自己不犯顯而易見的罪；避開那些明明是錯的事，因為它們羞辱貶黜你的人格；行為舉止都要合乎世界尊重的標準，因為那是我們作為人所擁有的自尊要求我們的：凡此種種都仍未達到聖潔。避免犯罪與行善不足以成為聖人，這只是人身為人類一分子的本份。這只是神對你的期望的初階。但這是必然的開始，因為你不能臻至超自然的完全境界，除非你首先(靠著神的恩典)令自己的本性在其本身的層次達到完美。你當上聖人之前，必須先成為人。畜牲是不能成為默觀者的。

然而，鏟除一些我們看出是錯的錯誤比較簡單——雖然也可以是極之艱難的事。但是臻至完全和內在純潔的最大問題，在於棄絕和拔除我們對受造物及對自己的意志和欲望一切**無意識的**戀棧。

克服故意和明顯的惡習，最佳的辦法——若不是惟一的辦法——就是一套計劃周詳的決心及補贖的策略。你策劃自己的戰役，實際進行這場戰爭，並因應戰況的改變而修改計劃。你禱告、受損、堅持、放棄某些東西、盼望、驚恐，這場鬥爭的種種高低起伏逐漸形成你自由的狀態。

當戰役終結，而你培養出一個良好習慣之後，不要忘記戰役中那些你受了傷、被繳了械、無助的時刻。不要忘記，雖然你盡了一切努力，但是你得勝只是因為神，在你裏面打仗的是祂。

但是至於鏟除深厚而無意識的依戀習慣，那些我們幾乎不能查出和識別的習慣，我們所有的默想、自省、決心、戰略都不但可能完全無效，甚至有時還對敵方有利。因為我們的決心很容易正好受制於我們要擺脱的惡習。於是驕傲的人決意更多禁食、要肉體吃多些苦頭，因為他想令自己感覺上更像個運動健將：虛榮心將禁食和鍛煉強加於他身上，從而強化了他裏面最需要摧毀的東西。

當人道德高尚到足以令他誤以為自己差不多已臻完全之境時，他會進入一種盲目的危險狀態、務要最終緊握完全，而他這一切極端的努力卻強化了他隱而未現的缺點，加強他對自己的判斷和意志的依附。

◆ ◆ ◆

要戰勝我們祕密戀棧之物——我們看不見它們，因為它們是屬靈視障的主因——我們主動出擊的招數通常都不管用。主動權必須留歸神在我們靈魂裏作工的手，不是直接在乾旱多難的黑夜裏，就是借助事件及其他人而成事。

◆ ◆ ◆

多少聖潔的人就在此崩潰，整個人垮掉。他們一來到這點，再也看不見前路，再也不能憑自己的亮光引路，就拒絕走下去。除了自己，他們對任何人都沒有信心。他們的信心大部分都只是一種情感上的幻覺；

根植於他們的感覺、體格、性情內；是一種出乎本性的樂觀，受道德行為刺激、被他人的贊同鼓動。倘若遇到有人反對，這種信心還可以在自滿自得之中找到庇護。

但時候到了，要進入幽暗當中了。在其中我們是赤身露體、孤單無助的；在其中我們看到自己最優秀的長處之不足、最穩固的美德之空洞；在其中我們沒有甚麼屬於自己的可供倚靠、沒有甚麼天賦可支持自己、沒有甚麼世上事物可引導我們或給我們亮光。那時我們就會知道自己是否憑信心生活。

就在這幽暗當中，我們裏面再沒有甚麼能取悅或者安慰自己的思緒，我們好像一無是處、應該受人鄙視，好像全軍覆沒，要被毀摧殘吞滅一樣，那時，緊貼得認不出來的、深沉祕密的自私就從我們的心靈中除掉。我們就在這幽暗裏面找到真正的自由。我們就在這種放棄之中變得堅強。這就是倒空我們、煉淨我們的黑夜。

不要在任何歡愉之中尋找安息，因為你不是為歡愉而造的：你是為屬靈**喜樂**而造的。倘若你不曉得歡愉與屬靈喜樂的分別，你還沒有開始生活。

生活在這世上充滿痛苦。但痛苦，雖然與歡愉相反，卻不一定與快樂或喜樂相反。因為屬靈喜樂在完全張開的、毫無攔阻直達其最高對象的自由之中開花，在其為之而受造、無利害關係的愛的完美活動之中成全自己。

歡愉是自私的，凡令我們享受不到親嚐甜蜜滋味的東西都會叫歡愉遜色。但是不自私的喜樂不會因任何事而遜色，除了自私以外。歡愉被傷痛和受苦所抑制、抵消。屬靈喜樂漠視苦難、或取笑苦難，甚或利用苦難來潔淨自己、清除最大的障礙——自私。

真正的喜樂就在單求我們所應求的：在我們意志熱烈而柔和並自由的運行之中、不僅為我們，更為它自己(Itself)的美善而歡欣。

有時歡愉可以置喜樂於死地，所以嚐過真正的喜樂的人會對歡愉起戒心。然而認識真正喜樂的人永遠都不會害怕痛苦，因為他知道那痛苦可以成為另一個機會，讓他維護——及品嚐——自己的自由。

不過，不要以為喜樂將歡愉裏外反轉，並在痛苦中尋找歡愉：喜樂，只要是真的，會淩駕痛苦之上，感覺不到痛苦。所以喜樂可以取笑痛苦，在一片混亂的痛苦中歡慶。這是以置身度外、不自私、完全的愛征服苦難。

痛苦不能觸及這最崇高的喜樂——除了意外地加增其純潔之外；痛苦維護心靈自由不受官能感覺、情緒和自戀所侵，並將我們的意志隔離到一種潔淨的自由之中，淩駕於苦難的層面之上。

因此，倘若默觀者在默觀中尋求的只比歡愉略高一線，那就非常可悲。那即是說他會不顧損傷地努力躲避乾旱、困難、痛苦——彷彿這些東西都是邪惡的，浪費自己時間，弄得自己筋疲力盡。他們失去自己的平安。他們在禱告中追求歡愉，但卻反而弄得自己差不多沒有喜樂的能力。

◆ ◆ ◆

反復無常和猶豫不決是自戀的指標。

如果你總是不能決定神對你的旨意是甚麼，但又不時從一個意見轉到另一個意見，從一個做法轉到另一個做法，從一套方法轉到另一套方法，就可能表示你的良心沉默了，你正企圖繞過神的旨意，自作主張。

神在一所修道院逮住你，你便即時想住進另一所修道院去。

你嘗試過一種禱告方法，就立即想嘗試另一種。你常常立志，卻又作出相反的決定去破壞它。你向聽懺悔的神父請益，但總記不住他的答覆。你未讀完一本書就開始看另一本，而每讀一本書，就將自己內在生命的全盤計劃改掉。

不用多久你便沒有甚麼內在生命可言。你的整個存在都是由雜亂的欲望、白日夢和瑣屑小願望所拼湊而成，除了摧毀恩典的工作之外便一事無成：因為這一切都是你的本性反抗神的一種縝密的潛意識手段；神在你心靈中作工，要求你犧牲一切你所渴求和喜愛的，而且，實際上，要求你犧牲你本身的所有。

因此，你要保持安靜，讓神做些工作。

這就是不僅捨棄歡愉和財產、甚至捨棄自己的意思。

第三十六章
內心貧乏

默觀者最大的痛苦之一，是在神的亮光下觀看人類最崇高的愛的模式和智力活動，朝著神伸展卻又失敗的時候，所得到那可怕的、不能避免的粗糙、噁心、力有不逮的感覺。

如果你可以的話，量度一下由於以下情況而產生的悲哀：你領悟到自己有一種特質，是神指定要成為一種天福的恩賜，但卻是現在和將來的你都完全無法攀上的；你發覺剩下的除了自己以外便一無所有；你發覺已失去構成你存在的惟一意義的那個恩賜。然後，自然生命及人類理解的最完美境界、人的意志為追求一切完美事物而向外伸展所形成的那最純潔最微妙的張力，在你眼中都變成基本上是低俗、不足取的東西。即使沒有了你所犯的錯和罪，你本人、或你可以成為的那個人、或你所擁有的，在你眼中全都好像微不足道，因為這一切已無力為你取得那巨大的恩賜；那恩賜完全超出你的能力範圍，也是你被造的惟一理由。

但是在那一切之上，你看到自己的本性仍然被自私自利和罪的失調扭曲變形、自己被一種不斷將你轉回到自己的歡愉和興趣上去的生活方式所束縛扭歪、自己不能避過這種畸變：你甚至不配靠著自己的能力躲避這畸變，你會是怎樣的悲哀？這就是聖人所指的懊悔的根源：因不得不做一個你原不應做的人而生的那種憂傷、那種悲痛。

然後，在禱告之中，一切甘甜都變成一種病。安慰令你反感，因為即使淺嚐也使你感到厭膩。一切亮光都因為本身的不足而令你頭痛。你的意志好像再沒有勇氣作出行動。些微的移動都提醒你意志本身的無用，令它羞愧而死。

然而，不可思議地，正是在這種無助當中，我們碰上喜樂的開端。我們發覺只要保持平靜，便不覺得那麼痛，甚至會感受到某種平安、某種豐盛、某種力量、某種友誼，是我們被打倒、俯伏地上、口沾塵埃、但願能看到一絲希望之時所體會到的。

然後，當平安臨到我們心靈、我們接受了自己是甚麼與自己不是甚麼的時候，便開始醒悟到，這巨大的貧窮就是我們最大的財產。因為我們卸盡那些不屬我們的財富、那些除了麻煩之外便甚麼也不能賦予我們的財富，我們不再致力於那仍未能讓我們擁有真正目標和快樂、認知和渴慕的美好正當活動，那時，我們就體會到生活的整套意義就是一種貧窮和虛空。這貧窮與虛空絕不是一種挫敗，其實卻是所有偉大的超自然恩賜共同的保證，是引發這些恩賜的力量。

我們彷彿成了將水倒盡好能盛滿美酒的器皿。我們像一塊玻璃，洗淨了一切灰塵污垢，好能接受太陽、在陽光之中消失。

我們一旦發現這虛空，就發覺自己的渴望中，沒有甚麼貧窮算得上夠貧窮，沒有甚麼虛空算得上夠虛空，沒有甚麼謙卑算得上夠謙卑。

於是我們最大的悲哀就是發覺自己仍然看重自己，仍然自以為了不起，因為我們已開始認識到，在純潔、倒空的心靈那種透明上投下甚麼樣的影子，都是一種幻覺，都是神不經攙雜的亮光的障礙。我們看到自己的知識與祂的光相比就是黑暗，能力就是極度的軟弱，令我們不能領受祂的力量；而一切人的欲求都欺騙我們、使我們不安、叫我們偏離神。

我們的官能愈能倒空其對受造物的欲求和張力，愈能平心靜氣進入平安和內在靜默、摸進那讓我們心靈最深的渴求能夠感受到神的幽暗之中，就愈感受到一種純真、猛烈的不耐煩，渴望得到釋放，渴望將豎立於他們與那能夠被神充滿的虛空之間的剩餘障礙和戀慕都驅除淨盡。

就在此時，修士驀然發現他的教規所能提供的克己方法，即便是最簡單最基本的方法，都有巨大價值。他對一切被稱為補贖的東西的態度都開始轉變。從前，他以一種運動員的精神張力鼓起勇氣依方法辦事，兼且非常倚賴那些跟他一起禁食、作工、禱告的同儕精神上的支持。如今他轉向這些艱辛、隱藏、樸實的補贖方式，因為這些補贖撫慰他、使他心靈安息；不過他尋求這些補贖方法不是因為他認為它們可以洗滌改善他的心：他安息其中，是因為他不能再在自己意志中找到任何可以安息之處。他的平安在另一個人的意志裏面，他的自由在透過別人倚靠神中找到。

而真正的默觀者才可以因順服而得滋養，並在孩童或新信徒那種單純之中找到平安。不過這種比較也是非常容易誤導人的。一位成熟的默觀者遠比任何人都要單純，因為孩童和新信徒所擁有的或多或少是一種負面的單純——在擁有這種單純的人心中，潛在的複雜枝節還未有機會顯露。然而在默觀者的裏面，所有複雜的問題都開始自然而然的解決了，溶於合一、虛空、內在的平安之中。

◆ ◆ ◆

默觀者，被虛空滋養，被貧窮賦予，被單純的順服從一切悲哀中釋放出來，在所有事物中都從神的旨意當中吸取堅毅精神與喜樂。

無需甚麼複雜的推理或思考或特別舉止，他的生活就是長期沉浸於平靜的河流中，河水從神那裏流進整個宇宙，又將一切都引回神裏面去。

因為神的愛好像一條河，湧流自神本體的深處，不斷地流過祂的創造，用生命、美善、力量充滿萬物。

萬物，除了我們自己的罪，都盛載在這純潔不可抗拒的溪流的水中，流向我們。

假如我們憑著清潔不疑的信心與消除一切抵抗的完全的愛，平靜地接受萬物，順從流水的壓力，神的旨意就會進到我們自己自由的深處，而我們的生命、我們所有的行為舉止和欲望，都隨著祂自己喜樂的浪潮而去。只有那些學會隨著這溪水的急流浮游的人才找到真平安。對他們而言，生活變得簡單容易。每一刻都滿有快樂。所有事情都容易理解，若不是巨細無遺的，最少也可以理解事情與生命龐大的整體的關係。

但是如果我們拒絕接受祂的旨意（而這是罪），我們還是會被洪水淹沒，因為沒有能力可以抵抗那洪水。

一切的悲哀、艱辛、困難、掙扎、痛楚、不快樂，以至最終死亡本身，都可以追溯至背叛神對我們的愛。

◆ ◆ ◆

當理解的恩賜在默觀中開啟了我們的眼睛，我們就不應打擾神，不應容讓世俗活動在我們心靈中亂吵一通。我們應默默無聲、平靜而存深深的感恩領受祂的亮光，覺悟到這一刻，我們可以獻給祂的最崇高的讚美，就是放棄任何以人的語言頌讚祂的企圖，以及力抗誘惑，不要將祂縮小到我們自己的觀念和理解水平。不是說我們的話語不能讚美祂：而是這些話語只能在我們的水平上讚美祂。我們要從祂的面前退下，自祂的深處出來，字句和概念方可以分別出來，在我們腦海中成形。因為在默觀禱告的深處，主體與客體似乎已沒有界別，亦沒有理由要為神或為自己說些甚麼。他自有永有，這事實已吸收了其他的一切。

因此，持守在祂的靜默和幽暗之中就是對神最大的讚美。如果當我們從祂領受了這恩賜之後，還寧願選取自己暗淡的亮光、希望得到一些虛假人為的對神的感受，那就實在是拙劣的感激。

第三十七章
分享默觀的果實

我們不是在默觀中得見神——我們靠賴愛**認識**祂：因為祂是純愛，我們嚐過單單因為神是神而愛神的經歷，就憑經驗知道祂是誰、祂是怎樣的神。

對神的真正神祕經驗與對神以外的一切的終極棄絕是同時發生的。兩者是一體的兩面。因為當我們的心思與意志完全脱離種種受造的戀慕時，就立刻被神賜的愛所充滿：不是因為事情都必須如此，而是因為這是祂的旨意，是祂賜予我們的愛。「凡為我的名撇下房屋；或是弟兄、姐妹、父親、母親、兒女、田地的，必要得著百倍，並且承受永生。」〔譯按：錄自太十九29〕

經歷神與我們清除、掏空對神的造物之戀慕有多少成正比。當我們從每一個欲望中得到解放的時候，就嚐到不能朽壞的喜樂臻到完美的滋味。

神不會將自己的喜樂單單賜給我們；倘若我們僅是為了自己而擁有祂，我們就完全沒有擁有祂。任何喜樂若不從我們的心靈溢出，幫助他人在神裏面歡喜快樂，就不是從神而來的。（但是不要以為你必須見到那喜樂怎樣洋溢到別人的心靈裏去。在祂的恩典得著充分發揮之下，你可能與一個要到天堂才認識的人分享神的恩賜。)

◆ ◆ ◆

如果我們在默觀中經歷神，我們不僅是為自己經歷神，還是為了別人。

然而，倘若你對神的經歷是來自神的話，其中一個座標就是當你把經歷告訴別人的時候那極度的謙虛謹慎。談論祂賜予我們的恩賜好像會將恩賜驅散，會在神的光照亮的純全虛空上留下污點。沒有人比默觀者更不好意思提及自己的默觀經驗。有時，當他要向別人說及自己見到神的事時，他的肉體也幾乎疼痛起來。最少，他感到要當作是自己的經驗般說出來是難以忍受的事情。

同時，他又懇切的希望人人都能分享他的平安和喜樂。他的默觀讓他對人的世界有了新的見解。雖然他或許不會向任何人承認這點，但是他以一種神祕而平靜的揣度去看周遭的事物，希望在別人的臉上看到或在別人的聲音中聽到一點一滴使命和潛能的迹象，標誌著相同的深厚的快樂和智慧。

他發現自己向一些人談論神，希望在那些人裏面認出自己平安的光、自己祕密的醒悟：又如果他不能向他們講話，他就為他們寫作，而且他的默觀生活若欠缺分享、欠缺友誼、欠缺交流，就仍然是不完全的。

◆ ◆ ◆

當你嘗試與別人分享你對神的愛的認識時，屬靈生命就沒有比這一刻更需要完全馴順、服從神的旨意和恩典最細微的動向。寧可謙虛謹慎、一點也不跟別人分享，也不在自己還未領受便試圖轉贈他人，以致全都落空。默觀者在真正認識默觀是甚麼之前，便教人默觀，就會妨礙自己和他人尋找真正通往神的平安之路。

首先他會用出乎本性的熱情、想像、詩人情懷去代替他心內的光的實在，他會沉醉於努力傳遞那實際上不可能傳遞的信息：雖然即使這樣對他的心靈也可以有些微益處(因為那是一種對內在生命和對神的默想)，但是他仍然要冒被拉離那單純的光和靜默之險；在那光和靜默中，他不用言語概念就能認識神，最終在論證、語言和比喻中失去自己。

神國的最高使命是與別人分享自己的默觀，帶領人經歷神，好像那些完全愛神的人所認識的一樣。但是犯錯和出毛病的可能性之大卻與使命本身不相伯仲。

首先，你對默觀有所發現，並不就等如你應該把它傳給別人。與別人分享默觀經驗隱含兩份天職：一是做個默觀者，其次才是教人默觀。兩者都需要核實。

不過，你一旦以為自己正在教導別人默觀時，就犯上另一個錯誤。除了神以外，沒有人教授默觀，默觀是神賜的。你最多只可以寫或說些甚麼，讓別人可以藉此參悟神要他做些甚麼。

◆ ◆ ◆

不合時宜地努力與別人分享默觀方面的知識，其中一個壞處就是，你假設人人都想從你的角度去看事物，而事實上，他們並不想這樣。你說甚麼，他們都會提出反對，你會發覺自己掉進了神學爭論當中——或更壞的是，一場假科學的論戰中——而對默觀者來說，沒有甚麼比爭論更加無益。企圖說服與你有不同使命的人，要他們對那種你認為非常重要的內在生命大感興趣，無論如何都是無意思的。若果他們蒙呼召做默觀者，一場冗長、複雜難明、充滿專門術語和抽象原則的辯論並非可以指點他們的入門之法。

那些過早以為自己一定要出去與別人分享自己的默觀經驗的人，每每過於信賴字句言語和談論作工，但是只有神注入的光才能在人心靈深處成就那工，於是他便毀了自己的默觀，也令別人對默觀產生錯誤的見解。

很多時，更能栽培人做默觀者的方法是不去打擾他們，而是只管自家事——就是默觀——而不是訓練他們慢慢適應我們自以為認識的內在生命。因為當我們在靜默和幽暗中與神聯合，當我們的官能提升到超過其本身自然活動水平，並安歇在環繞神臨在的純潔、平靜、深不可測的雲彩中，那時我們的禱告和我們領受了的恩典便會自自然然無形地溢過基督神祕的身體，我們這些無形中共住在神一靈的聯繫中的人就互相影響；我們靠自己與神聯合、靠自己在祂裏面的屬靈活力所能實現的都難以望其項背。

如果人稍為嘗試過這種禱告，僅是默觀初階，甚至還未從自己所得著的參悟到甚麼，只要他保持靜靜地注目神隱藏的臨在——而那是他無法期望能想出一句清晰的話來形容的——就可以為其他人的靈魂做大事。倘若他試圖講論這經歷，加以分析，他就立刻連所有的少少參悟也盡失，幫不到別人，連自己也得不到一點益處。

所以，為未來可能有機會跟別人分享默觀而準備自己的最佳方法，不是研究怎樣講論分析默觀，而是盡己所能不再講論、不再爭辯，退到心靈的靜默與謙卑之中，神會在其中煉淨我們的愛，除去一切人的瑕疵。然後在祂認為合適的時間，祂會叫我們著手做祂想我們做的事；我們會發覺自己在作神的工，但又不太理解怎樣來到這個地步，或是怎樣開始的。到那時候，我們對工作的投入不會令我們心煩。我們會懂得保持自己的平靜、自己的自由，而最重要的是，我們學會將成果交給神，不再放縱自己的虛榮心、堅持凡自己向他說過話的人都要很快就有見得到的轉變。

也許讀起來似乎很容易，也許如果我們既單純又絕不留難神在我們裏面和透過我們的工作，就會真的很容易。但是實際做的時候，自我主義的最後一個障礙之一（一個很多聖人都不肯完全放棄的障礙），就是堅持要**自己**作工、取得成果、享受成果。我們是那些想奪走完成工作的榮耀的人。或許那就是為甚麼有些聖人沒有達到默觀的頂峯：他們想為自己**做**得太多了。而神也讓他們得逞。

因此，雖然默觀像所有好事一樣，是要與人分享的，而且只有在所有蒙召默觀的人都共同擁有的時候，我們每一個人才會完全地享受和擁有，但是我們千萬不要忘記，這完美的交通只屬天堂所有。

因此，你要小心，不要因為你喜歡某些人，自自然然會當他們為朋友、跟他們分享你天賦的興趣，就想當然地認為他們也蒙召成為默觀者，於是你就要教他們怎樣做默觀者。他們可能有這個傾向，可能沒有。也許**有**這傾向的可能性極高：但如果有，你就應該放心讓神在他們心中照顧培育。如果神用你做一個機會或一個器皿，你要高興，但是也要小心，不要讓自己愛好結伴同行的天性妨礙了神的作為。因為在這個世界上，過分熱中於任何成就，即使目標再好，也不是好事；而人若從經驗中體會到神處處都在，也樂於向愛祂的人顯明自己，就不會輕易選取人為活動那易變的價值，而不願揀選這無限的、全然重要的財產的安寧和確實。

第三十八章
純愛

至此，雖然沒有明確地區分，但我們已經談過三種默觀的模式。它們是三個可能有的開始。

一、這三種開始中最好的一種是心靈突然倒空，意象全消，概念字句都靜下來，你裏面突然豁然開朗，變得自由和澄明，直至你整個人擁抱神的奇妙、深度、神的明顯卻又虛空和深不可測。這種觸摸，這種乾淨利落、一瞬間的領悟，比較少見。其餘兩種開始則可以是日常狀態。

二、最常見的默觀入門是穿過一片乾旱的沙漠，在那兒，雖然你看不見甚麼、感覺不到甚麼、領悟不到甚麼，兼且只意識到某種內在的痛苦和焦慮，但又在這幽暗和乾旱中被吸引和抓住，因為只有在此你才找得到點點穩定和平安。一路走下去，你會學懂安於這枯燥無味的寂靜，而你亦愈來愈感受到這經驗核心中那叫人心安的非凡的臨在所帶出的一種確信，直至你漸漸參悟到，那是神向你顯明自己，而祂使用的亮光令你的本性和其所有的官能感到痛楚，因為那光遠非它們所能及，也因為那光的純潔與你的自私、黑暗和缺點開戰。

三、然後又有 *quietud sabrosa*（美味的靜止），一種充滿味道、安穩和膏抹的安寧；在那裏，雖然沒有甚麼餵養及滿足官能、幻想或理智的東西，但意志卻在一種深厚、明亮和引人入勝的愛的經歷中休息。這愛像一朵光亮的雲彩包圍著他泊山(Thabor)上的使徒，令他們讚歎：「主啊，我們在這裏真好！」〔譯按：太十七4〕從這雲彩深處發出陣陣安慰，神的聲音無言無語地說出祂自己的話。因為你最少以某種隱藏的方式認識到，這美麗、深沉、意義豐富的安寧以其真理和結實的平安溢滿你整個人，是與你心靈中三位一體的第二位(Second Person)的使命(Mission)有關的，也是那使命的附屬物及標誌。

因此，對很多人來說，他們默觀的雲祕密認同基督的神性和祂心中對我們的愛，以致他們的默觀本身成為基督的臨在，而他們也沉醉於與基督平和純潔的交流之中。這種安寧最能在聖餐中學習到。

對他們而言，祂成了一種可以感覺到的臨在，無論他們去哪裏和做甚麼，祂都在日間以雲柱、夜間以火柱隨著他們、環繞著他們；當他們需要專注於某些令他們分心的工作時，只需往自己心靈匆匆一瞥，就能夠輕易再找到神。有時雖然他們沒有想到返回深處、安躺在祂懷中，但祂仍會出其不意的吸引他們進入祂的隱密處和平安，又或在他們心內用一浪靜靜的、說不出來的喜樂衝激他們。

有時這些喜樂浪潮凝聚為強勁的碰觸，神撫摸我們，驚訝和高興一湧而上，喚醒我們的心靈，火花一閃，熊熊火焰有若無以言喻的快樂之一聲讚歎，有時還像儘管痛卻叫人回味無窮的傷口一樣燃燒。神不能用這種火焰觸摸太多人，甚至不能重重的觸摸這些人。然而儘管如此，祂愛的靈 (Spirit of His Love) 的這些深入行動似乎仍然繼續努力，最少輕輕地，在每一個被神吸引進入這快樂而安寧的光裏的人身上留下烙印。

◆ ◆ ◆

在這三種開始之中，你一直都意識到自己正處於一個有點兒模糊不清的門口。那一秒，你完全沒有意會到：你只有一個朦朦朧朧説不出來的感知，自己身處的幽暗和乾旱之下有平安。你不敢向自己承認，但是儘管你滿心疑惑，你仍然知道自己正在前往一處地方，而你的旅程是有嚮導指引的，你可以安心。

在第三種的開端，你身處一個更肯定、更私人的愛的臨在當中；這愛入侵你的心思和意志，所用方法非你所能明白、避過你心靈每一次企圖鉗制和掌握祂的行動。你知道這「臨在」就是神。但是在其他方面祂就隱藏在雲彩裏，雖然祂近得在你裏頭，又在你的外面和周圍。

當這種與神的接觸深化和變得更純潔時，雲彩就漸變稀薄。當雲彩的透明度漸漸提高，你裏面對神的經歷也相對地漸漸發展成一種極大的空虛。你所經歷的是自己官能的倒空和淨化，是神的愛造就的效應在你裏面引起的果效。不過，既然是神自己直接造成這效應，並且藉此讓人不靠任何媒介而認識祂，這經驗就不僅是純粹主觀的經驗，它還告訴你一些關於神的事，是你不可以從其他途徑得知的。

這些效應更被理解之光所強化；神的靈將這光注入你的心靈，並突然間將光提升到一個幽暗、清晰得透不過氣來的氣氛中，而神在當中，雖然完全擊倒挫敗了你所有天賦的理解力，但不知如何卻變得十分清楚明白。

然而，在這一切之中，你仍然離開神非常遠，比你所知道的要遠得多。而你倆總是並存。有你本人，又有神，祂藉這些效應讓你認識祂。

◆ ◆ ◆

但是只要仍有這種分離的感覺，仍有這種知道自己與神之間有距離和分別的意識，我們還未進到默觀的豐盛。

只要仍然有「我」作為默觀經驗明確的主人翁、仍然有一個意識到自己和自己的默觀的「我」、仍然有一個可以擁有某種「屬靈程度」的「我」，我們就還未渡過紅海，還未「離開埃及」。我們仍然停留在複雜、活躍、不完全、競爭、渴求的領域。那真正內在的我，那真正不能摧毀、不朽的人，那回答一個只有自己和神才知道的、嶄新的、祕密的名字的真「我」，並不「擁有」甚麼，甚至

「默觀」也不擁有。這個「我」不是那種能夠屯積經驗、反省經驗、反省自己的我，因為這個「我」不是我們日常所認識那膚淺的、以經驗為根據的我。

分不清**人**（那屬靈和隱藏的、與神聯合的我）和**自我**是一大錯誤。自我是外在的、以經驗為根據的我，是心理上的個體，為內在隱藏的我塑造一種面具。這外在的我只不過是個短暫的影子；其生平和存在都在死亡那刻終結。內心深處的我既無生平也無終結。外在的我可以「擁有」很多、「享受」很多、「成就」很多，但最終所有的財產、喜樂、成就都是空無，而外在的我本身也是空無：一個影子、一件要丟掉、會朽壞的衣服。

視身體為外在的我，而心靈則為內在的我，是另一個錯誤。雖然這是個可以理解的謬誤，卻十分容易誤導人，因為畢竟身體和心靈都是不完全的物質，是構成一個整體的部分：而內在的我不是我們的一**部分**，乃是我們的一切；是我們**整個實體**。凡加添上去的都是偶然、短暫、不重要的。因此，身體和心靈都屬於——或更好的說法是——存在於我們的真我、我們的人格。另一方面，自我是自己築起的幻影，「有」我們的身體和一部分心靈供其隨意支配，因為作為我們所謂人「墮落」的後果，自我已「接管」了內在的我的功能。那正是人類墮落的其中一個主要影響：人跟自己內在的我（即是神的形像）疏遠。屬靈上，人內外倒轉了，以致他的自我扮演「人」的角色——但其實自我無權擔當這個角色。

我們回轉歸向神和重拾自己的時候，必須從現實中的我們開始。我們要從自己已疏離的景況起步。我們是身處遙遠異鄉的浪子，那是「截然不同的地域」；我們要好像在那地走很長的路程，方能似乎到達家鄉(而我們卻又暗地裏一直都身處自己的家鄉！)。神尊重那「自我」，那「外在的我」，並且容許它執行我們內在的我還未能獨力承擔的功能。在日常生活中，我們的行為舉止好像要顯出我們就是外在的我所表明的一樣。然而我們又要同時記得，我們並**不**完全是看來似乎是的那個人，而且那個看似是「我」的人不久就會消失於無有。

我們這時代其中一個最普遍的錯誤是一種表面的「個人至上論」(personalism)，將「人」等同其外在的我，那以經驗為根據的自我，並且一本正經地致力栽培這自我。

不過這是一個純屬錯覺的迷信；那錯覺是一般人所想像的「個性」，或者甚至是「活躍有力」及「成功」的個性。當這錯誤搬到宗教裏頭的時候，就惹起最荒謬的連篇廢話——一種高舉惟心理論及自我表現、損害我們整個文化和屬靈的我的迷信。我們的實在、我們的真我，隱藏於我們看來好像是無有和空虛之中。我們所不是的好像很實在，我們所是的卻好像不實在。我們可以超越這不實在，恢復我們隱藏的身分。那就是為何通往實在的路就是通往謙卑的路，使我們能夠丟棄錯覺上的我，接受那「空虛」的我——那在自己和世人眼中「微不足道」、但在神眼中卻是我們真正實在的我：因為這實在是「在神裏面的」和「與神同在的」，也是完全屬於神的。不過當然，在實體上，這個我是與神有別的，絕對不是神本性的一部分，也沒有被那本性所吸收。

這存於最深處的我超越了那種說「我要」、「我愛」、「我知道」、「我覺得」的經驗。它有自己的方法去知道、愛和經歷，那是屬天而不是屬人的方法，是一種身分認同、合而為一、「結合」的方法，在其中不再有單獨存在的心理個體吸引一切美善和真理到自己身上、以致為著自己而去愛和認識。愛的和被愛的是「一靈」。

因此，只要我們在禱告中體驗到，自己是個站在那即是神的純潔與虛空的深淵邊緣的「我」，等待著從祂「領受一些東西」，那麼我們距離最親密和祕密的合一的了解，即是純默觀，仍然甚遠。

從我們這一邊的門檻看過去，這幽暗、這虛空，似乎又深又廣——又刺激。我們沒法進入。雖然沒有欄柵，但是我們不能強行闖過深淵的邊緣。

但原因可能是，根本沒有甚麼深淵。

你就停在那兒，不知怎的覺得下一步會是蹤身一躍，然後發覺自己在星際空間飛翔。

◆ ◆ ◆

當來到下一步的時候，你不會舉步，你不知道如何過渡，你不會墮進甚麼東西裏。你沒有往甚麼地方去，所以你不曉得你抵達該處的途徑，也不曉得之後返回原處的路。你肯定沒有迷路。你沒有飛行。那兒沒有空間，或許那兒全都是空間：都沒有分別了。

下一步並不是一踏步。

你沒有從一個等級被運送到另一個等級。

事情是這樣的。那個即是**你**的獨立實體顯然消失了，好像甚麼也沒有留下，只餘一種與無限的大自由不能區別的純自由，與大愛認同的愛。不是兩種愛，一種等待著另一種，努力爭取對方、尋找對方，而是大愛在大自由中愛戀。

你會稱之為經歷嗎？我認為你或許會說，這只在人的記憶中成為經歷。否則，甚至當作是發生的事來談論也似乎不對。因為發生的事必須發生在某個主角身上，而經歷必須由人經歷。但是在此，任何對立的或有限的或受造物的經歷的主人翁似乎已經消失得無影無蹤。你不是你，你是成果。若你喜歡的話，你不是有一個經歷，而是成了大經歷(Experience)：不過那是截然不同的，因為你不再以那種方式存在，不再反省自己，或視自己正在有一段經歷，或判斷正在發生的事情，如果還可以說有事正在發生，而那事並非永恆不變、並非那麼精彩的一種活動、精彩得是無窮無盡的靜止的話。

於此，所有形容詞都不管用。字句變得無聊。凡你說的都會招人誤解——除非你列盡每一個可能發生的經歷，然後說：**「不是那樣子的」、「我所說的不是那回事」。**

如今比喻也完全派不上用場。如果你一定要的話就談談「幽暗」：但是想到幽暗，思潮便變得太濃太粗。不管怎樣，那已不再是幽暗了。雖然你可以談論「虛空」，但是那令你想到在太空中浮游：而這與空間一點也拉不上關係。

它是甚麼？它是自由。它是完全的愛。它是純粹的捨棄。它是神的成果。

它不是屬於某人所擁有的自由；它不是愛的行動，被與人有關的衝動所支配；它不是依照一種德行的樣式而計劃和行事的捨棄。

它是在神裏面生存和流通的自由，而神是大自由。它是在大愛裏愛戀的愛。它是神的純潔在神自己的自由中高興快樂。

於此，默觀成為它原本真正要成為的，它不再是神注入受造物的東西，而是神活在神裏面，將一個受造的生命與自己的生命認同，以致沒有甚麼有意義之物留下，只有神活在神裏面。

假如一個人這樣子被剖白、獲釋放、得滿足、遭摧毀之後，還能思想說話，那就肯定不會當自己是一個獨立個體，或者當自己是一個壯麗經歷的主角般思想和說話。

這就是為甚麼把這一切當作是一連串等級的最高點，以及當作是比其他不那麼偉大的事更偉大的東西來談論，實在說不通。它處於互相比較仍有意義的範疇之外。它超越了我們想起旅行就聯想到「路途」的層次，超越了我們想起進步就聯想到的等級。

然而，這也只是一個開始。這是一個新秩序的最低層次，而那新秩序所有的層次都是不可量度、不可想像的。內在生命仍未臻完全。

◆ ◆ ◆

在這個完美的默觀之中，靈魂因棄絕所有欲望和所有事物而從其自身消失；而關於這完美的默觀還有最重要的一點要說，就是它與我們所想的豐功偉績和地位提升絕對無關，所以不會受制於自大之罪。

事實上，完美的默觀，因其本質的關係，暗示一切謙卑已臻完全。無論在那一方面，自大與默觀都不能相容。只有當人完全誤解默觀、把它當成一樣它不是及不能成為的東西，它才是人能夠引以為傲、無限制地渴求、用別的方法將它化為犯罪材料的東西。

因為自大是無限制地將利益、好處和榮耀歸予自己附帶的、外在的我，它不可能存在於一個不能考慮以另一個「我」活在神以外的地方的人之中。

人再也不能夠反省自己或實現自己或認識自己，又怎能為甚麼事自豪呢？就道德方面而言，他已被毀滅，因為他一切行動的源頭、動因和界限都是神。而這默觀的精華就是因為神是神所以才有的、神裏面純潔永恆的喜樂：安祥而無休止地為這個真理——完全的祂是無限的完全、是完美的典範——而歡欣雀躍。

以為人一旦被這喜樂發現和釋放之後，還可以為這喜樂而自大的話，就好比說：「這人因為空氣是免費的而感到自大」、「這另一個人因為海是濕的而感到自大」、「這裏有個自大的人，理由是山很高，而且上面的雪很清潔，風吹起雪而令高峯飄出串串羽毛狀雲彩」。

這裏有一個人，他已逝世、埋葬了、離開了、不為世人記念、不再存在於徘徊時間中的活人當中：你說他會因為昔日還活著時，陽光充滿他曾經在那兒住過、死去和埋葬的國家那巨大弓形的天空而自大嗎？

那個在純默觀中消失在神裏面的人也是一樣。剩下的只有神。祂是在那兒活動的「我」。祂是愛、知道、歡欣的那一位。

神會自大嗎？神會犯罪嗎？

假設有這樣的一個人；他一生中曾經有一次沒入神裏面一分鐘之久。

他一生的其餘時間都花在犯罪與德行、善與惡、勞動與爭鬥、疾病與健康、恩賜、憂傷、達成與懊悔、策劃與盼望、愛與懼之中。他見過事物，並曾加以考慮、認識；作過判斷；說過話；聰明與不聰明的行為都做過。他初學默觀時，進出之間也曾犯大錯。他曾經找到那雲彩，找到神隱藏的甘甜。他曾經嚐過禱告中的安息。

在這一切之中，無常在他的生命中打滾翻騰。他可能在最好的景況中也犯過罪。他在自己不完全的默觀中可能找到罪衍。

但是在那一刻，那一分鐘，那短短的一分鐘，他被交付給神(假若他真的如此被交付的話)，那麼他的生命就毫無疑問是純潔的；那麼他就歸榮耀給神；那麼他就沒有犯罪；在那屬於純愛的一刻，他不能犯罪。

這樣子與神聯合可以是無節制的欲望的目標嗎？如果你明白這種聯合的話，就知道是不可以的。因為你不可能無節制地渴望神為神。你不可能無節制地渴望神為著祂自己而成就自己的旨意。然而就是在這兩個願望完全得著理解和成全之中，我們把自己倒空注入祂裏面，轉化成祂的喜樂，在其中我們不能夠犯罪。

就在這純愛的狂喜中，我們真正滿足到第一條誡命，盡心盡意盡力地愛神。所以這是所有渴望討神喜悅的人所應該渴望的——不是維持一分鐘，不是維持半小時，而是直到永遠。就在這些心靈中間，和平得以在世上建立。

他們是世界的力量，因為他們是神在世上的帳篷。是他們令宇宙不至於遭毀滅。他們是小人物。他們不認識自己。整個世界都倚賴他們。好像沒有人參悟這一點。這些就是起初萬物都為他們而造的人。他們將會承受地土。

從來只有他們是能夠完完全全地享受生活的人。他們捨棄了全世界，然後全世界又歸他們擁有。只有他們欣賞世界和其上的萬物。只有他們能夠明白喜樂。其他的人都太軟弱，不能享有喜樂。除了這些謙和的人之外，人人都會被喜樂所殺。他們是清心的人。他們得見神。祂成就他們的意旨，因為祂的旨意就是他們的旨意。祂成全他們所想的，因為祂渴望他們所有的渴望。只有他們能夠得到一切所想所求的。他們的自由無窮無盡。他們向我們伸手，幫助我們明白自己的凄苦，並把這凄苦淹沒在他們自己廣大無邊的清白無邪之中，而他們的清白用光洗滌世界。

來吧，讓我們進入那光的體內。讓我們活在那歌的清新之中。讓我們像脫去衣服一樣丟棄片片世俗，赤身進入智慧之中。因為當所有的心靈呼喊：「願你的旨意成就」的時候，那正是他們所祈求的。

第三十九章
全體起舞

上主創造世界，不是為了要審判世界，不是僅僅為了要統治世界、迫世界服從一個莫測高深、全權在握的旨意的指令，不是為了要在世界運作的方式中找尋歡樂或不滿：那些都不是神創造世界和創造人的原因。

上主造世界和造人，為的是讓祂自己可以降到世上來，讓祂自己可以成為人。當祂考慮將要造的世界時，祂看到自己的智慧作為人子，「在世上玩樂，不論甚麼時候都在祂面前玩樂」。祂又想：「我高興與人的子孫在一起。」

這世界不是為那些被神棄絕的墮落之靈而造的監牢：這是諾斯底教派的謬誤。世界被造成一個聖殿、一個樂園，神自己會降到世上來，與那些祂安置在世上為祂打理世界的靈親切地一起居住。

創世記（決不是一個人類假設世界如何誕生的假科學記述）開頭數章恰恰是一個富有詩意和象徵意義的啟示，是神對宇宙和祂對人的意旨一個完全**真實**的啟示，雖然不是逐字逐句的啟示。這些美麗篇章的要旨是說神造這世界為一個園子，祂自己在其中高興快樂。祂造人，給人一份工作，分擔祂自己對萬物的屬天照顧。祂照自己的形像和樣式造人，作為一個藝術家、一個工人、一個製造者（*homo faber*），作為樂園的園丁。祂讓人自己決定應如何理解、明白和使用受造物：因為亞當為各活物起名（神並沒有給牠們名字），亞當怎樣叫牠們，那就是牠們的名字。因此，人使用自己的才智，做出識別的行為，模仿點滴神對受造物富創意的愛。神的愛觀看萬物，就創造了萬物，但人的愛觀看萬物，就在人自己的靈裏仿造屬天的意念、屬天的真理。

神造萬物，靠的是在自己的道裏頭看出萬物來，同樣，人在心思中叫真理活現，靠的是結合該物裏頭屬天的光與他自己理性中屬天的光。這兩道光在一個心思中會合就是真理。

但是還有一道更高的光，不是人藉著活躍的才智靠以「起名」和塑造概念的光，卻是幽暗的光，在其中人不會起名字，在其中神不會以物質為媒介與人對質，但會以祂自己的純樸面對人。神純樸的光與人靈裏純樸的光在愛中聯合就是默觀。這兩種純樸合而為一。兩者形成一種虛空，在裏面沒有加添甚麼，反而會除去名字、形式、內容、主題、身分。在這次會合中，與其說是身分的合併，不如說是身分的消失。聖經說得很簡潔：「午後，天起涼風，神來與亞當在樂園中散步。」〔譯按：創三8〕那是午後，在受造那天漸暗的光中漫步。風任隨己意吹起，去向無人能測，而在微風自由自在的虛無中，神與人在一起，相談不用言語、音節、形式。那就是創造和樂園的意義。但還有更多。

神的道本身是「首生的，在一切被造的以先」〔譯按：錄自西一15〕、「萬有也靠祂而立」〔譯者按：錄自西一17〕。祂不僅要與人在午後涼風中一起散步，還要成為人，以兄弟的身分與人同住。

上主不僅以天父的身分愛祂所造的眾生，祂還要進入自己所創造的世界，倒空自己，隱藏自己，彷彿祂不是神而是受造物。祂為甚麼要這樣做呢？因為祂愛祂所造的萬物，也因為祂不能忍受自己所造的只當祂是疏離、遙遠、超越宇宙、全能的神來敬慕祂。這不是祂尋求的榮耀，因為如果僅僅當祂是偉大的神而敬慕祂，祂所造的就會反過來壯大自己，作威作福。因為何處有偉大的神，何處也有似神的人稱王稱霸。倘若神只是一個偉大的藝術家，引自己的創作為榮，那麼人也會建造城市皇宮，為自己的榮耀剝削別人。這就是巴別塔神話的意義，也是那些想「與神同等」的高塔建築師的意思，他們建造空中花園、將敵人的頭顱高掛園中。因為他們指著神說：「祂也是個偉大建築師，擊敗了所有敵人。」

◆ ◆ ◆

（神說：我不會嘲笑我的敵人，因為我希望人人都沒法成為我的敵人。因此我與敵人自己祕密的我認同。）

◆ ◆ ◆

於是神成為人。祂披上人的軟弱和平凡，隱藏自己，成為一個居於藉藉無名之地、無名、微不足道的人。祂時時都拒絕騎在別人頭上、或接受擁戴為王、或做領袖、或做改革家、或以任何形式表現得比自己所造的萬物優越。祂只想做他們的兄弟、他們的輔導者、他們的僕人、他們的朋友，其他甚麼也不想做。雖然自那時起我們已奉祂為最重要的人，但是祂決不是凡人所認為的重要人物。那是另一回事：因為雖然祂真是萬民的王和主宰、那戰勝死亡的、活人和死人的審判者、那全能者(*Pantokrator*)，但祂仍然是人子、是個隱藏、不為人知、平凡、容易受傷的人。祂可以被人殺害。而當人子被殺死之後，便從死裏復活過來，再與我們同在，因為祂說過：「殺死我吧，沒關係。」

祂死過了，祂那個人就不再死亡。但是因為祂成為了人，將人的本性與自己聯合，並為人死，又從死裏復活為人，祂就令所有人的痛苦都成了祂自己的痛苦；他們的軟弱和無助成了祂的軟弱和無助；他們的卑微成了祂的卑微。但同時祂自己的能力、不朽、榮耀和快樂都送了給他們，也可以成為他們所有。因此，如果神人(God-Man)仍然偉大，其實祂是為著我們的緣故而想成為偉大強壯，不是為了祂自己。因為對祂來說，強弱、生死都是祂不關心的二元性，祂在自己超然的合一裏都已經超越了這一切。但是祂會令我們與祂合而為一，從而提升我們超越這些二元性。因為雖然邪惡和死亡可以觸及那短暫的、外在的我，而且在那個我裏面，我們過著遠離神的生活、在幻象中被疏遠放逐，但是邪惡和死亡卻完全不能觸及我們真實內在的我，我們在其中已與神合而為一。因為當神成為人的時候，祂不僅成為耶穌基督，祂還有潛在可能成為在世上活過的每一個人。在基督裏面，神不僅成為「這個」人，更在一個較廣較神祕的意義上，卻又不減其實在地，成為「每一個人」。

神在自己的世界上以其創造主的身分臨在，沒有人能作主，只有祂能。祂以人的身分臨到世上，卻在某程度上，要視乎人的定意。不是說我們有能力改變道成肉身的奧祕本身：但我們能夠決定我們自己，或者我們裏面那片世界，會否**注意到**祂的臨在，因祂的臨在而分別為聖，在祂臨在的光中改變形像。

我們有兩個身分可以選擇：那個似乎真實、在世上短暫經歷中過著模糊的自主生活的外在面具，與那個自己看來微不足道、但能夠將自己永恆地奉獻給那自己賴以維生的真理的內在的人。這個內在的我被神的愛、被聖靈吸引進入基督的奧祕裏，使我們祕密地住在「基督裏」。

◆ ◆ ◆

不過即使是對待「外在的我」，也不要以過分否定的方式進行。這個我的本質不是邪惡的，不應因它無實質而入罪。形而上的貧窮令它苦惱不堪：但是一切貧窮的人都應得到憐憫。同樣地，我們外在的我也應得憐憫：只要它不把自己孤立在謊言中，就會得到基督的憐恤和愛的福祐。外表應該照外表來接受。貧窮短暫的人生中種種意外，畢竟都有可以道出的價值。它們可以成為透明的媒體，讓我們從中領悟神在世上的臨在。說外在的我是個面具也無不可：這樣說不一定有責備之意。每個人所戴的面具很可能是個幌子，不僅是那人內在的我的幌子，也是神的幌子，做個浪人和被放逐的人，在祂自己的創造中到處流浪。

確實，基督成為人，是因為祂想做任何一個人和每一個人。如果我們相信神的兒子道成肉身，我們就不會不作好準備，在世上每一個人身上都看見奧祕中基督的臨在。

◆ ◆ ◆

人視為嚴肅的，在神眼中卻往往只是瑣碎事。在神裏面一些我們看來好像是「玩樂」的事，也許是祂極其認真看待的事。不管如何，上主在自己所造的園中玩樂消遣；假如我們不再執迷於心目中的一切意義，我們或許能夠聽到祂的呼喚，而在祂那神祕的宇宙之舞中隨祂翩翩起舞。我們不用走得太遠便能聽到那遊戲、那舞蹈的回響。當我們在星夜獨處；當我們在秋天偶然看見候鳥降落在紅松林休息覓食；當我們在孩童實實在在是孩童那一刻見到他們；當我們在自己心中認識愛；或者當我們像日本詩人芭蕉(Basho)一樣，聽見一隻老青蛙一蹬而插入寧靜的池塘——在那些時刻，那頓悟、那種所有價值觀自裏反轉到外、那「新穎感覺」、那視野的空與純清晰可見，讓我們瞥見那宇宙之舞。

世界和時間就是上主在虛空中的舞蹈。天體的靜默就是婚宴的音樂。我們愈是繼續不改對生命現象所持的誤解，愈是加以分析成為千奇百怪的最終定局及一己的複雜目的，就愈自困於憂傷、荒謬和絕望之中。不過那也沒有甚麼關係，因為我們的絕望不能改變現實，或沾污宇宙之舞常存的喜悅。確實，不管我們想或不想，我們正在它中間，而它又在我們中間，因為它在我們血液中躍動。

不過，事實仍然是，神邀請我們特意忘記自己、將討厭的莊嚴肅穆扔進風中，加入那全體之舞。

譯名對照表

A

agape	大愛
angelism	天使論
anima	女性意向
animal	肉欲
the "animal" soul	「獸」魂
animus	男性意向
anonymous Accomplice	不具名的同謀
Aristophanes	阿里斯托芬
Avisos	《告誡》

B

Basho	芭蕉
Benedict, St.	聖本尼迪克會
Bernard of Clairvaux, St.	克萊窩的聖伯納德
Borromeo, Charles	博羅梅奧

C

Carmelite	白袍修士

Carthusian	嘉爾篤會修士
Cistercian	西斯特教團
cogito ergo sum	我思故我在
contingent being	非本質的生命
contigent ego	非本質的自我
Creator Spiritus	創造的靈
Cautelas	《警告》

D

"deep self"	「深層的我」
Descartes	笛卡兒
"A Divine Person"	「一個屬天位格」
Divine Persons	屬天位格
dynamism	力本論

E

ego	自我
"empirical self"	「以經驗為依歸的我」

F

false mysticism	假神祕主義
false mystiques	假神祕感
false "self"	虛假的「自我」(簡稱「假我」)

First Principle 萬物本原

G

gift of sainthood 成聖恩賜

God-Man 神人

Guigo the Carthusian 嘉爾篤會的修士季高

H

hate-gods 恨之神

I

"id" 「本我」

imaginary self 假想的自我

The Imitation of Christ 《效法基督》

"immaculate" 「始胎無玷」

the Immaculate Virgin 始胎無玷童貞女

individual 個體

individualist 個人主義者

"individuality" 「個人特徵」

infused contemplation 潛修默觀

"is" 「在」

J

John of the Cross, St. 十架聖約翰

L

Labre, Benedict Joseph 拉布爾

logos 道

M

Man Christ 神人基督

Manhood 人子

mass-man 人羣中人

Mass Society 大眾社會

Meditationes 《默想錄》

"Mother Goddess" 「母親女神」

Mother-Wisdom 母智慧

N

Nestorian 聶斯脫利派

Neri, Philip 內里

nothing 無有

nous 理性

O

One Body	一體
One Christ	一基督
One God	一神
the One God	合一的神
One Life	合一的生命
One Love	一愛
One Mystical Christ	獨一神祕的基督
One Person	一個位格

P

Pantokrater	全能者
Pascal	巴斯葛
Pensées	《思想錄》
person	人
personalism	「個人至上論」
pneuma	元氣
"pre-judgment"	「預設判斷」
psyche	心靈

S

selfhood	自我
self-love	自戀

shadow self 影子自我
smoke-self 如煙的我
Sophia 神的智慧
"soul force" 「功」
"soul force" 「心靈力量」
Source 源頭
"spirit" 「靈」
spiritus 氣
status quo 現狀
Stranger 陌生人
sub-natural passivity 次自然的被動
Summa Theologica 《神學大全》
superconscious mind 超意識思想

T

Thabor 他泊山
Thomas, St. 聖多瑪斯
Three Selves of God 神的三個自我
Trappist 苦修會修士

W

the Whole Christ 整全的基督
"whole self" 「整個我」
Word 聖道

靈修著作精選

重整靈性生命，陶冶完善人格。

我們與(不)信的距離——默想聖經 6 個不完美的聖徒故事

黃嘉樑 著／HK$78

復興，與你所想的不一樣——撒迦利亞書給這時代的 12 個信息

羅慶才 著／HK$78

禱告操練 7 堂課——學習主禱文

羅慶才 著／HK$68

敬虔操練 13 課

羅慶才 著／HK$78

生命成長 17 課——學習聖靈果子和八福

羅慶才 著／HK$68

詩篇心禱：用最真實的自己面對上帝——從詩篇學禱告的 12 堂課

Psalms: Prayers of the Heart (A LifeGuide Bible Study)

畢德生 (Eugene H. Peterson) 著／黃大業 譯／HK$78

一花一天國——默觀的動念與操練

Just This: Prompts and Practices for Contemplation

羅爾 (Richard Rohr) 著／黃大業 譯／HK$78

敢於跟隨主

鄧瑞強 著／HK$58

緊扣時代 服事教會

以文字傳揚基督真道

讀者意見表

衷心多謝你購買本社書籍。本社一直致力以出版事工服事教會，幫助信徒扎根於神的話語，促進靈命增長。為使我們的出版更能滿足你的需要，請填寫下列各項資料，並寄回或傳真予本社。

所購書籍：____________________

本書最吸引你的地方：
□作者 □適切性 □文筆 □設計 □實用性
□其他：____________________

購買本書地點：
□基道書樓 □基督教書店 □非基督教書店

性別：□男 □女 職業：____________________

信仰：□基督徒 □非基督徒

年齡：□ 16 歲或以下 □ 17～25 歲 □ 26～35 歲
□ 36～55 歲 □ 56 歲或以上

學歷：□中三或以下 □中五 □預科
□大學 □研究院

□我欲更多了解基道出版社的事工及考慮支持，請寄給我下列資料：
□機構簡介 □新書資料 □基道會員通訊
□《基道文字事工通訊》

姓名：____________________電話：____________________

地址：____________________

____

傳真：____________________ 電子郵件：____________________

其他意見：____________________

____

多謝賜教！

意見表可以傳真（2687-0281）或直接郵寄以下地址：
香港沙田火炭坳背灣街26號富騰工業中心1011室
基道出版社編輯部收